HERÓI
em
MISSÃO

O Caminho para uma
Vida Significativa

VILÃO

DONALD MILLER

Autor de *Storybrand* e *Simplificando os Negócios*

HERÓI
em
MISSÃO

O Caminho para uma
Vida Significativa

VÍTIMA

GUIA

ALTA BOOKS
GRUPO EDITORIAL
Rio de Janeiro, 2023

HERÓI

Herói em Missão

Copyright © 2023 da Starlin Alta Editora e Consultoria Eireli.
ISBN: 978-85-508-2010-1

Translated from original Hero on a Mission. Copyright © 2022 by Donald Miller. ISBN 978-1-4002-2694-8. This translation is published and sold by permission of HarperCollins Leadership, an imprint of HarperCollins Focus LLC, the owner of all rights to publish and sell the same. PORTUGUESE language edition published by Starlin Alta Editora e Consultoria Eireli, Copyright © 2023 by Starlin Alta Editora e Consultoria Eireli.

Impresso no Brasil — 1ª Edição, 2023 — Edição revisada conforme o Acordo Ortográfico da Língua Portuguesa de 2009.

Dados Internacionais de Catalogação na Publicação (CIP) de acordo com ISBD

M647h   Miller, Donald
           Herói em Missão: O Caminho para uma Vida Significativa / Donald Miller ; traduzido por Thais Cotts. - Rio de Janeiro : Alta Books, 2023.
           208 p. ; 15,7cm x 23cm.

           Tradução de: Hero On A Mission
           ISBN: 978-85-508-2010-1

           1. Autoajuda. I. Cotts, Thais. II. Título.

                                                    CDD 158.1
2023-75   CDU 159.947

Elaborado por Odilio Hilario Moreira Junior - CRB-8/9949

Índice para catálogo sistemático:
1. Autoajuda 158.1
2. Autoajuda 159.947

Todos os direitos estão reservados e protegidos por Lei. Nenhuma parte deste livro, sem autorização prévia por escrito da editora, poderá ser reproduzida ou transmitida. A violação dos Direitos Autorais é crime estabelecido na Lei nº 9.610/98 e com punição de acordo com o artigo 184 do Código Penal.

A editora não se responsabiliza pelo conteúdo da obra, formulado exclusivamente pelo(s) autor(es).

Marcas Registradas: Todos os termos mencionados e reconhecidos como Marca Registrada e/ou Comercial são de responsabilidade de seus proprietários. A editora informa não estar associada a nenhum produto e/ou fornecedor apresentado no livro.

Erratas e arquivos de apoio: No site da editora relatamos, com a devida correção, qualquer erro encontrado em nossos livros, bem como disponibilizamos arquivos de apoio se aplicáveis à obra em questão.

Acesse o site www.altabooks.com.br e procure pelo título do livro desejado para ter acesso às erratas, aos arquivos de apoio e/ou a outros conteúdos aplicáveis à obra.

Suporte Técnico: A obra é comercializada na forma em que está, sem direito a suporte técnico ou orientação pessoal/exclusiva ao leitor.

A editora não se responsabiliza pela manutenção, atualização e idioma dos sites referidos pelos autores nesta obra.

Produção Editorial
Grupo Editorial Alta Books

Diretor Editorial
Anderson Vieira
anderson.vieira@altabooks.com.br

Editor
José Ruggeri
j.ruggeri@altabooks.com.br

Gerência Comercial
Claudio Lima
claudio@altabooks.com.br

Gerência Marketing
Andréa Guatiello
andrea@altabooks.com.br

Coordenação Comercial
Thiago Biaggi

Coordenação de Eventos
Viviane Paiva
comercial@altabooks.com.br

Coordenação ADM/Finc.
Solange Souza

Coordenação Logística
Waldir Rodrigues

Gestão de Pessoas
Jairo Araújo

Direitos Autorais
Raquel Porto
rights@altabooks.com.br

Assistente Editorial
Henrique Waldez

Produtores Editoriais
Illysabelle Trajano
Maria de Lourdes Borges
Paulo Gomes
Thales Silva
Thiê Alves

Equipe Comercial
Adenir Gomes
Ana Carolina Marinho
Ana Claudia Lima
Daiana Costa
Everson Sete
Kaique Luiz
Luana Santos
Maira Conceição
Natasha Sales

Equipe Editorial
Ana Clara Tambasco
Andreza Moraes
Arthur Candreva
Beatriz de Assis
Beatriz Frohe

Betânia Santos
Brenda Rodrigues
Caroline David
Erick Brandão
Elton Manhães
Fernanda Teixeira
Gabriela Paiva
Karolayne Alves
Kelry Oliveira
Lorrahn Candido
Luana Maura
Marcelli Ferreira
Mariana Portugal
Matheus Mello
Milena Soares
Patricia Silvestre
Viviane Corrêa
Yasmin Sayonara

Marketing Editorial
Amanda Mucci
Guilherme Nunes
Livia Carvalho
Pedro Guimarães
Thiago Brito

Atuaram na edição desta obra:

Tradução
Thais Cotts

Copidesque
Carlos Bacci

Revisão Gramatical
André Luiz Cavanha
Fernanda Lutfi

Diagramação
Rita Motta

Capa
Erick Brandão

Editora afiliada à: ASSOCIADO

Rua Viúva Cláudio, 291 – Bairro Industrial do Jacaré
CEP: 20.970-031 – Rio de Janeiro (RJ)
Tels.: (21) 3278-8069 / 3278-8419
www.altabooks.com.br — altabooks@altabooks.com.br
Ouvidoria: ouvidoria@altabooks.com.br

Para Emmeline Miller

Acesse o site www.heroonamission.com para conhecer uma versão adicional e paga do Plano de Vida e Planner Diário do Herói em Missão [conteúdo em inglês].

O conteúdo online é de total responsabilidade do autor e não do Grupo Editorial Alta Books. O conteúdo é adicional, não sendo fundamental para compreender a obra.

Sumário

Nota do Autor xi

Introdução xiii

Ato 1
Como Criar um Propósito de Vida

1. A Vítima, o Vilão, o Herói e o Guia: os Quatro Papéis Que Desempenhamos na Vida 3
2. Um Herói Aceita Sua Própria Agência 17
3. Um Herói Escolhe uma Vida de Significado 28
4. Quais Elementos São Necessários para uma Pessoa se Transformar? 45
5. Um Herói Sabe o Que Quer 55
6. Um Ritual Matinal para Guiar e Direcionar Sua História 69

Ato 2
Crie Seu Plano de Vida

7. Um Discurso Fúnebre Lhe Permite Relembrar Sua Vida Inteira, Mesmo Antes Que Ela Acabe 77
8. Um Bom Discurso Fúnebre Fala sobre Quem e o Que o Herói Amava 88
9. Um Bom Discurso Fúnebre o Ajuda a Encontrar Tração Narrativa 101
10. Escreva Seu Discurso Fúnebre 112

11.	Elenque Suas Perspectivas de Curto e de Longo Prazos	122
12.	Um Herói Faz	137
13.	O Planner Diário do Herói em Missão	147
14.	O Papel Mais Importante	161
15.	A História Continua	170

Ato 3
Seu Plano de Vida e Seu Planner Diário

Índice	187
Sobre o Autor	191

Nota do Autor

Não acho que nenhum de nós deva confiar ao destino escrever a história de nossas vidas.

O destino é um péssimo escritor.

Introdução

Nas histórias, existem quatro personagens principais:

1. A vítima é o personagem que sente que não tem saída.

2. O vilão é o personagem que diminui os outros.

3. O herói é o personagem que enfrenta os desafios e se transforma.

4. O guia é o personagem que ajuda o herói.

Ao ler uma história ou assistir a um filme, você sente simpatia pela vítima, aplaude o herói, odeia o vilão e respeita o guia.

Esses quatro personagens estão nas histórias não só por existirem no mundo real, mas também porque existem dentro de você e de mim.

Em minha vida, interpreto os quatro personagens todos os dias. Se enfrento um desafio injusto, normalmente represento a vítima por um minuto, sentindo pena de mim mesmo. Se me sinto injustiçado, sonho com vingança, como um vilão. Se tenho uma boa ideia e quero torná-la realidade, entro no modo herói para reagir, e, se alguém me chama e precisa de meus conselhos, incorporo o guia.

O problema é que esses personagens não são iguais. Dois nos ajudam a experimentar um profundo senso de propósito e dois nos inclinam a atitudes funestas.

Durante muitos anos fiz o papel da vítima, e essa mentalidade afetou negativamente minha qualidade de vida. Como explicarei neste livro, eu não gostava de mim. Não gostava da minha vida e não era

xiii

respeitado pelos outros. Também não ganhava dinheiro, não tinha relações saudáveis e não era competente como profissional.

Minha vida se desenrolava como uma triste tragédia e teria continuado assim se eu não tivesse descoberto uma coisa.

Percebi que meu problema não eram as circunstâncias, minha educação ou mesmo traumas do passado; meu problema era a forma como via a mim mesmo. De novo: eu me via como vítima.

No entanto, à medida que compreendia mais as características poderosas dos heróis na literatura e no cinema, ficava curioso em saber se a incorporação de algumas dessas características criaria uma experiência de vida melhor.

Viver como um herói (o que não é nada como se pensa — os heróis são tudo menos fortes e capazes; são simplesmente vítimas que passam por um processo de transformação) me envolveu, inconscientemente, em algo chamado logoterapia, uma terapia criada por um psicólogo vienense chamado Viktor Frankl. Explicarei muito mais sobre a logoterapia ao longo deste livro.

A logoterapia mudou minha vida para melhor. Passei de triste a contente, de improdutivo a produtivo. Deixei de lado certos receios de relações próximas para ser capaz de me envolver e desfrutar delas. A maioria das vezes, porém, passei de sentir que a vida não tinha sentido para experimentar um profundo senso de propósito.

Com cerca de dez anos vivendo assim, criei um plano de vida e um planner diário que me ajudaram a transformar todas essas ideias úteis em um sistema. É disso que este livro trata: viver como um herói para poder experimentar um profundo senso de propósito. O livro ensina um sistema simples de usar que permite a qualquer pessoa viver uma vida que proporciona um profundo senso de propósito.

Se você tem se debatido com um sentimento de futilidade, ou está cansado da história que tem vivido, ou tem que começar de novo e criar uma nova realidade para si mesmo, espero que este livro lhe seja de grande ajuda.

Como Criar um Propósito de Vida

1

A Vítima, o Vilão, o Herói e o Guia: os Quatro Papéis Que Desempenhamos na Vida

VIVER UMA HISTÓRIA CHEIA DE SIGNIFICADO não acontece por acaso. Na verdade, viver uma boa história é muito parecido com escrever uma. Quando lemos uma grande história, não percebemos as horas de devaneio, de planejamento e de ajustes, nem os falsos começos necessários, para que o leitor possa experimentar a fluidez natural de uma ação significativa.

As histórias podem ser divertidas de escrever e de viver, mas as boas dão trabalho.

Gostemos ou não, as vidas que vivemos são histórias. Nossas vidas têm início, meio e fim; e dentro desses três atos desempenhamos muitos papéis. Somos irmãos e irmãs, filhos e filhas, mães e pais, colegas de trabalho, amantes, amigos e muito mais. Para muitos de nós, as histórias que vivemos nos parecem significativas, interessantes e talvez até inspiradoras. Para outros, a vida é como se o escritor tivesse perdido o roteiro.

Tudo isso, no entanto, suscita a pergunta: quem escreve nossas histórias? Deus está escrevendo nossas histórias? O destino está escrevendo nossas histórias? O governo, nosso chefe ou a igreja está escrevendo nossas histórias? Ouvi uma entrevista com um físico que abraçou a possibilidade de nossas histórias realmente não existirem no tempo e que elas ainda não começaram e já estão prontas simultaneamente, ou melhor, na ausência do tempo. Talvez seja verdade, e, mesmo que seja, não tenho certeza de como isso me ajuda a aproveitar mais ou menos a vida. A verdade é que todos nós temos que viver esta vida — vivê-la dentro dos limites do tempo — e suponho que todos nós queremos que a experiência seja a mais significativa possível.

Para fins práticos, minha posição é que o autor de nossas histórias somos realmente nós. Talvez a maior mudança de paradigma que tive como humano foi esta ideia: estou escrevendo minha história e somente eu tenho a responsabilidade de moldá-la em algo expressivo.

Concordo com James Allen, que disse em seu livro *O Homem É Aquilo Que Ele Pensa*, de 1902: "O homem é golpeado pelas circunstâncias enquanto acredita ser ele próprio o produto de condições externas, mas, quando compreende que representa uma força criativa e que pode dominar o solo oculto e as sementes de seu ser dos quais brotam as circunstâncias, torna-se o legítimo senhor de si próprio."

Eis uma dura verdade: se Deus está escrevendo nossas histórias, Ele não está fazendo um bom trabalho. Creio que todos nós concordamos que as histórias de algumas pessoas parecem bastante trágicas e muitos de nós já experimentamos nosso quinhão dessas tragédias. Além disso, se Deus está escrevendo nossas histórias, Ele também não está fazendo um trabalho justo. Algumas pessoas nascem privilegiadas e outras não. Algumas pessoas morrem prematuramente e outras vivem em boa saúde até os créditos finais.

E se, em vez de escrever nossas histórias, Deus tenha inventado o nascer e o pôr do sol, o oceano e o deserto, o amor e os climas diferentes, e depois nos deu a caneta para escrevermos o famoso descanso?

E se nós formos muito mais responsáveis pela qualidade de nossas histórias do que pensávamos anteriormente? E se qualquer inquietação que sentimos sobre nossas vidas não for de fato culpa do destino, mas do próprio escritor e que esse escritor somos nós?

E se a natureza avariada da vida for um fato, mas a ideia de que também podemos criar algo significativo em meio a essas avarias seja também um fato?

Nada disso pode ser provado, é claro, mas será que precisa ser provado para ser um paradigma útil?

Além disso, se eu acredito que o destino tem todo o poder e por isso fico neutro enquanto minha história vagueia sem rumo pela página, como se fosse ditada por um imbecil emocionalmente frio, a quem devo culpar? Deus? O destino? Steinbeck?

Parece-me que culpar a mim mesmo é a opção mais viável. Embora essa opção possa me comprometer, ela também me proporciona o máximo de poder para fazer algo a respeito.

Independentemente de quem escreve nossas histórias, sermos os autores é tanto uma crença útil quanto uma das mais interessantes. Que tal se fizermos parceria com os elementos fixos da vida a fim de esculpir uma pequena narrativa de nossa própria autoria?

Se estivermos cansados da vida, realmente estamos cansados é da história que vivemos dentro de nós. E a grande coisa de estarmos cansados de nossa história é que histórias podem ser editadas. Histórias podem ser consertadas. Histórias podem ir de monótonas a excitantes, de divagantes a focadas, e de árduas para ler a excitantes para viver.

Tudo o que precisamos saber para consertar nossas histórias são os princípios que dão sentido a uma história. Então, aplicar esses princípios em nossas vidas e não mais entregar nossa caneta ao destino pode mudar nossa experiência pessoal e nos fazer sentir gratidão por sua beleza, em vez de ressentimento por falta de significado.

A VÍTIMA: AQUELE QUE SENTE COMO SE NÃO TIVESSE SAÍDA

Se você fosse um escritor, viesse até mim com uma história conturbada e dissesse: "Don, essa história não funciona. Não é interessante e eu não sei como consertá-la", a primeira coisa que eu olharia seria o protagonista. Sobre quem é a história e por que esse personagem não está tornando-a significativa?

Como mencionei na introdução, há quatro personagens principais em quase todas as histórias: a vítima, o vilão, o herói e o guia. Algo que arruinará uma história rapidamente é se o herói — o personagem do qual se trata a história — age como uma vítima.

O personagem principal de uma história não pode agir como uma vítima. Isso é verdade nas histórias e é verdade na vida. De fato, isso é verdade nas histórias *porque* é verdade na vida.

A razão pela qual um herói que age como uma vítima arruína a história é porque uma história deve avançar para ser interessante. O herói deve querer algo difícil e talvez até assustador de se conseguir. Essa é a trama de quase todas as histórias inspiradoras que você já leu.

Uma vítima, por outro lado, não avança ou aceita desafios. Em vez disso, uma vítima desiste porque passou a acreditar que está condenada.

Então, se você parar para pensar nisto, uma pessoa que entrega sua vida ao destino é a expressão essencial de uma vítima. Entregar sua história ao destino permite que ele decida se você vai ser bem-sucedido em uma carreira, vivenciar empatia, dar o exemplo para seus filhos e até mesmo experimentar a gratidão.

Provavelmente, todos nós conhecemos uma ou duas pessoas que parecem viver assim. Ou, pior, nós mesmos podemos realmente viver dessa maneira!

As vítimas acreditam que estão desamparadas e por isso se debatem até serem resgatadas.

Vítimas reais existem e, de fato, precisam ser resgatadas. A vitimização, porém, é um estado temporário. Uma vez resgatados, a melhor história é que voltamos à energia heroica que faz nossa história avançar.

Mas tenha cuidado. Se, ao lermos estas palavras nos dermos conta de que estávamos nos aproximando da energia da vítima e nos envergonharmos, imediatamente virá à tona outro tipo de energia que vai arruinar nossa história. Surge a energia do vilão. Um vilão, você sabe, diminui os outros. Uma história sobre um vilão também não vai oferecer um senso de propósito.

Quando nos envergonhamos de agir como vítima, manifestamos uma conversa dentro de nós na qual o vilão ataca a vítima. Esse tipo de diálogo interior também não cria uma grande história.

Na verdade, os dois personagens que arruinarão nossa história mais rapidamente são a vítima e o vilão.

Falaremos sobre vilões mais adiante.

A questão é a seguinte: mesmo antes de nos perguntarmos sobre o que é nossa história, temos que nos perguntar qual personagem interpretamos dentro dessa história. Se estivermos interpretando a vítima ou o vilão, não haverá edição que nos ajude. Na história da vida, teremos desempenhado um papel menor.

UMA HISTÓRIA SOBRE UMA VÍTIMA NÃO VAI A LUGAR NENHUM PORQUE A VÍTIMA NÃO VAI A LUGAR NENHUM

Não se preocupe, porém. Mesmo que tenhamos passado nossas vidas fazendo papel de vítima, nossas histórias podem melhorar. A verdade é que eu mesmo costumava ser sombrio e triste. Quando estava em meus vinte e poucos anos, decidi dar um tempo na vida. Aluguei um pequeno quarto em uma casa em Portland, Oregon, e dormia em um sofá-cama baixo que se dobrava para formar um colchão enrugado no chão. Eu acordava de manhã e olhava para o tapete perto do meu nariz, pensando nos ciscos de cereais nas fibras.

Isso foi há mais de vinte anos. Eu vivia em uma casa com um grupo de caras que provavelmente não estavam impressionados com minha falta de ambição nem inspirados por minha passividade.

Não é tudo culpa minha. Eu estava à deriva por conta do destino, e o destino parecia estar em uma farra ou talvez distraído pela atenção extra que dava à história de Justin Timberlake [cantor norte-americano no centro das atenções há muitos anos]. De qualquer modo, a falta de um plano não funcionava. Terrivelmente doente e triste, eu não ia a lugar nenhum. Eu acreditava que a vida era dura e que o destino estava contra mim.

Sair de um colchão macio no chão não é tão fácil quanto conseguir sair de uma cama, então, de manhã, eu ficava deitado lá mais uma hora, pensando que poderíamos ter um aspirador de pó. Então, eu rolava, meio que de joelhos, e me forçava para cima com o que deveriam ser os braços. Eu me perguntava todas as manhãs se tinha artrite. E tinha 26 anos.

Por eu transparecer tanta energia de vítima, minha carreira não dava em nada. Minha história estava atolada na inércia. Eu ainda tinha que escrever um livro ou até mesmo tentar. Queria escrever um livro, com certeza, mas em minha energia de vítima acreditava que escrever livros era para pessoas mais inteligentes que eu ou mais disciplinadas ou para pessoas que falavam com sotaque britânico. Eu não acreditava que pudesse realmente me tornar alguém que escrevesse livros porque o destino determinava quem poderia escrever livros e o destino não gostava especialmente de mim. Afinal, ele não me havia dado um sotaque britânico.

Na época em que praticamente toda a energia que eu emitia era de uma vítima, lembro-me de andar de ônibus no centro da cidade para vender alguns livros usados na Powell's. Trata-se de uma grande livraria no centro de Portland que compra sua biblioteca por cerca de um terço do valor que pode revender. Muitas vezes vendi meus livros para poder comprar uma fatia de pizza. Lembro-me de andar no ônibus de volta para casa e ver a fila de desabrigados do lado de fora dos albergues. Eu estava a três dias do pagamento do aluguel e sem dinheiro. Lembro-me de ter sentido medo de estar naquela fila na semana seguinte.

Não sabia na época, mas precisava mais do que tudo crer que era realmente eu quem escrevia minha história e, depois, que teria algum tipo de estrutura para me ajudar a viver uma história que produzisse um senso de propósito. Precisava saber que minha história poderia ser editada e mudada, e precisava de princípios para usar nesse processo.

Muitos de nós provavelmente nos identificamos com essa tendência. Todos já passamos por períodos de desesperança. Alguns se safam e outros permanecem no estado de desesperança. A maioria de nós, no entanto, escolhe uma vida híbrida. Avançamos um pouco, talvez consigamos uma carreira, um cônjuge e alguns filhos, mas continuamos a ser paralisados por intrusões de energia de vítima. Só manifestamos a energia de herói quando precisamos subir um degrau em nossa carreira ou nos arrumar para encontrar um parceiro e nos reproduzir. Mas, conforme a energia de vítima toma conta de nossas vidas, nossas histórias são abaladas por uma inquietação assombrosa.

De novo: para uma história funcionar, o herói não deve vir com energia de vítima. A energia de vítima é uma crença de que somos indefesos, que estamos condenados.

O VILÃO: AQUELE QUE DIMINUI OS OUTROS

O segundo item em nossa lista de verificação para consertar uma história ruim é ter certeza de que o herói não está emergindo com energia vilã em demasia. Assim como um herói que traz à tona a energia de vítima, um herói que traz à tona a energia do vilão também arruinará a história.

Não acredito que você ficará ao meu lado só porque comprou este livro. Então, o advirto: se você não gosta de personagens que insultam as pessoas na cara e falam das pessoas pelas costas, você não vai gostar de mim, pois fiz todas essas coisas e muito mais.

Antes de aprender a editar minha história, eu não conseguia lidar com a energia vilã o tempo todo.

Por estar desanimado com a minha triste vida e com ciúmes das pessoas que passavam por mim, diminuí os outros.

Especificamente, os caras com quem eu vivia tinham vidas que progrediam, o que fazia com que o fato de eu estar parado fosse ainda pior. Eles namoravam garotas com as quais se casariam mais tarde. Estavam começando empregos que se tornariam carreiras. Desenvolviam ritmos de vida que levariam ao sucesso. Eu, por outro lado, não conseguia vencer.

Então, descarreguei neles.

Na maioria das vezes eu era passivo-agressivo. Fazia comentários negativos sobre coisas que eles amavam.

"Assistir futebol na televisão é um pouco como olhar para peixes em um aquário, não acham?"

Certa vez combinaram que ninguém poderia deixar pratos na pia. Fizeram isso principalmente porque eu deixava pratos na pia. Uma manhã, quando acordei e a casa estava vazia, vi que eles não tinham arrumado a cozinha depois do café da manhã, então coloquei os pratos sujos em suas camas. Note que os outros caras tinham camas.

Como eu já disse, os vilões tentam diminuir as outras pessoas. Quando penso naqueles dias, vejo que era o que eu fazia. Eu me sentia tão pequeno que precisava que outras pessoas fossem menores para poder me sentir grande. Precisava que suas namoradas fossem desinteressantes e que seus empregos fossem uma piada.

Mas não odeie tanto os vilões. A verdade é que eles tiveram momentos difíceis. Nas histórias, os heróis e os vilões têm um passado semelhante. Começaram como vítimas. Preste atenção na próxima vez que assistir a um filme ou ler um livro. Com uma frequência surpreendente, os heróis começam como órfãos. A história é iniciada com eles perdendo um dos pais ou tendo que viver com seu tio meio "cabeludo". Depois são rejeitados e intimidados na escola. Os outros garotos enfiam lixo em suas mochilas e jogam seus livros na privada.

Os vilões não são diferentes. Há dor para eles também.

As histórias não costumam contar sobre o passado do vilão, mas os escritores quase sempre aludem a algum tipo de tormento. É por isso que o vilão tem uma cicatriz no rosto, ou é manco, ou tem dificuldades de fala. O narrador quer que você saiba que o vilão carrega uma dor com a qual não consegue lidar.

O que separa um vilão de um herói é que este aprende com sua dor e tenta ajudar os outros a evitar a mesma dor. O vilão, por outro lado, procura vingança contra o mundo que o machuca.

A diferença entre o vilão e o herói, portanto, é a forma como reagem à dor que experimentaram.

Nas histórias, a energia do vilão traz consequências negativas. Quanto mais emanamos essa energia, piores ficam nossas histórias.

Quando se trata de vilões, as coisas podem se tornar muito sérias. Na verdade, a energia que cada um de nós emana pode percorrer um espectro. Se aprendermos os mecanismos de sobrevivência de um vilão e reforçarmos esses mecanismos ao longo do tempo, podemos nos tornar diabólicos. Muitas pessoas o fizeram. Recentemente, li um livro de Al Ries e John Trent sobre questões de personalidade que explicava o que acontece quando uma figura autoritária prepotente vai se tornando cada vez mais disfuncional. O livro dizia que, em seus estados mais sombrios, eles procurariam molestar crianças ou abusar de animais como uma forma de se sentirem seguros quanto ao seu poder.

Nossas fofocas e nossas calúnias podem parecer bastante inocentes, mas a energia do vilão não é nada leve. Ao diminuirmos os outros, estamos dançando com o diabo.

Quando operava na energia do vilão, eu ficava cada vez mais isolado. Meus colegas de quarto não queriam saber de conversar comigo. As garotas passavam pela porta do meu quarto para visitar os outros caras sem parar para dizer oi. Quem quer bater papo com uma pessoa rabugenta e ressentida?

Minha energia vilã me fez chegar ao fundo do poço quando meus colegas de quarto, juntos, me abordaram para falar sobre como eu tinha me tornado difícil. Foi uma época complicada, mas finalmente tive que admitir para mim mesmo que eles estavam certos. Minha história não ia a lugar algum porque meu personagem estava envolto em mecanismos de defesa de vítimas e de vilões, em vez de aceitar o desafio da própria vida e seguir nela com coragem.

Sabemos que emanamos a energia vilã quando descartamos os comentários de outras pessoas ou quando os consideramos inferiores. Sabemos que afloramos a energia vilã quando reduzimos os outros à sua aparência exterior em vez de dedicar tempo para entender seu ponto de vista. Sabemos que estamos trazendo à tona energia vilã quando diminuímos aqueles que nos criticam em vez de procurar aprender e crescer. Se formos honestos, todos nós emanamos essa energia o tempo todo, dependendo de termos ou não pulado o almoço.

Em casos extremos, os vilões acabam mortos ou na prisão. Como deveriam. E, assim como as vítimas, os vilões não experimentam uma transformação. São a mesma ameaça amarga no fim da história, como eram no início. Não apenas isso, mas os vilões, assim como as vítimas, desempenham um pequeno papel na história. Com todo seu poder, sua força e sua arrogância, estão em uma história apenas para fazer o herói parecer bom e despertar simpatia para a vítima. Porque, por mais atenção que recebam, as histórias não são sobre eles.

O HERÓI: AQUELE PRONTO PARA ENCARAR SEUS DESAFIOS E SE TRANSFORMAR

Este livro aborda uma lição que aprendi com o tempo: interpretar o herói melhora drasticamente nossas histórias. Se quisermos assumir o controle de nossas vidas e desviar nossa história em direção a um propósito, podemos emanar mais energia de herói e menos energia de vítima e de vilão.

Sou grato por essa revelação porque provavelmente salvou minha vida, e certamente melhorou a qualidade dela.

Qual é a essência da energia heroica? Um herói quer algo na vida e está disposto a aceitar desafios a fim de se transformar na pessoa capaz de obter o que deseja.

Quando lemos uma história ou assistimos a um filme, subconscientemente queremos que o herói esteja à altura da ocasião.

Estas são algumas das perguntas que eu certamente faria a mim mesmo ao editar uma história que não funcionava: como o herói responde a seu desafio? Quando é insultado, como reage? Quando é rejeitado, como trata a pessoa que o rejeitou? Quando sente que tudo está perdido, é capaz de encontrar uma luz na escuridão?

Se o herói responder com ação intencional e senso de esperança, nossa história avançará e se tornará interessante. Mas, se ele responder com uma sensação de desesperança, como uma vítima, ou se agredir os outros como um vilão, sabemos que a história desmoronará.

O que realmente dizemos ao falar sobre o personagem que interpretamos na história de nossas vidas é a questão da identidade. Quem acreditamos ser? Se crermos que somos indefesos e nossas histórias estão nas mãos do destino, operamos a partir de uma identidade de vítima. Se acreditamos que outras pessoas são menores e deveriam fazer o que dizemos, estamos operando a partir de uma identidade de vilão.

A primeira mudança que experimentamos ao emanar a energia heroica, no entanto, é que nossas vidas não estão nas mãos do destino. Ao menos não completamente. Os heróis se erguem com coragem para mudar as circunstâncias.

O destino pode nos enviar desafios, mas não dita como responder a esses desafios. Não estamos pré-programados. Temos o poder de moldar nossas próprias histórias.

A LUTA INTERIOR
É UMA LUTA POR IDENTIDADE

Quando olhamos para uma pessoa perfeitamente capaz que, infelizmente, se vê como vítima, há a tentação de julgá-la por não ter disciplina. Mas o problema dela não é disciplina. O problema está em sua identidade. Ela não sabe que tem uma energia heroica dentro de si.

Quanto mais aprendia os princípios que ajudam a criar uma boa história e mais os aplicava à minha vida, mais eu transformava a forma como me via e mais significativa se tornava minha experiência de vida.

A viagem começou com a curiosidade sobre quem eu poderia me tornar. Eu tinha comprado e vendido livros na Powell's durante a maior parte dos últimos dois anos. Sempre que recebia dinheiro, comprava livros e, sempre que terminava, os vendia. Era um jogo perdido, é claro, mas o homem não vive só de pizza. Adorava as palavras e queria escrevê-las eu mesmo. Comecei a ficar curioso, e até um pouco esperançoso, de que poderia realmente me tornar um escritor.

A transformação não aconteceu imediatamente. Continuei a oscilar entre as energias de vítima, de vilão e de herói, dependendo do dia e às vezes até da hora. Mas lentamente, com o passar do tempo, comecei a agir mais como herói e menos como vítima e vilão, e isso fez toda a diferença.

Quanto mais eu fazia o papel de herói, melhor minha vida se tornava e mais interessado eu ficava em minha própria história.

A transformação da mentalidade de vítima para a mentalidade de herói começou com uma pergunta: *quem eu poderia me tornar?* Só de saber que havia uma possibilidade de me tornar um escritor, que poderia realizar algo significativo, obtive a coragem de correr o risco e tentar.

Toda pessoa inspiradora que conheço começou com uma curiosidade semelhante sobre quem poderia se tornar ou o que poderia criar. Pense nas pessoas que o inspiraram. Um dia pegaram um violão, ou ligaram um transistor em um computador, ou reduziram o bocal do fundo de um motor de foguete, e trinta anos mais tarde eles tinham mudado o mundo.

A curiosidade sobre o que podemos realizar ou em quem podemos nos tornar é uma boa semente.

Ficaríamos confusos, porém, se disséssemos que algum de nós mudou por conta própria. Os heróis têm ajuda. Muita ajuda. Há pessoas em nossas vidas que nos mostram uma forma melhor de viver.

Um herói recebe ajuda de um guia.

O GUIA: AQUELE
QUE AJUDA O HERÓI

Se eu estivesse consertando uma história, a próxima coisa que procuraria seria o guia. Quem está ajudando o herói a vencer? De onde ele obtém seu conhecimento? Para quem o herói vai em busca de incentivo?

Nas histórias, os heróis não conseguem se dar bem sozinhos porque não sabem como. Se soubessem, teriam solucionado todas as falhas por conta própria.

Os heróis não têm tudo. Na verdade, eles são muitas vezes o segundo personagem mais fraco de uma história. Somente a vítima está em pior condição.

Para ajudar o herói, o contador de histórias providencia um guia. Não raro, muitos guias. Yoda ajudou Luke a aprender a ser um Jedi. O Woody, da série *Cheers*, ajudou a Katniss a vencer os Jogos Vorazes.

Grande parte da ajuda que eu precisava para me tornar escritor veio daqueles livros que li na Powell's. *Journal of a Novel* [Diário de um Romance, em tradução livre], de John Steinbeck, me ensinou a disciplina e a alegria de escrever. *Paris É uma Festa*, de Ernest Hemingway, me ensinou como dar ritmo a um livro. *Uma Infância Americana*, de Annie Dillard, me ensinou a tornar a escrita visual. *Traveling Mercies* [Viajando na Misericórdia, em tradução livre], de Anne Lamott, me ensinou que a honestidade era semelhante à coragem.

Guias são os personagens da história que têm empatia e confiança.

A confiança dos guias vem de seus anos de experiência aperfeiçoando seu ofício. Os guias sabem o que fazem e podem passar conhecimentos valiosos para o herói.

A empatia dos guias surge de sua dor. Como deve ter adivinhado, os guias também têm histórias de sofrimento.

Assim como as vítimas, os vilões e os heróis, os guias tiveram que superar desafios, injustiças e até mesmo tragédias. Pense em Nelson Mandela em sua cela em Robben Island, ou em Helen Keller aprendendo a escrever e a falar embora não pudesse ver ou ouvir palavras.

A dor, portanto, é frequentemente a professora que transforma o herói em guia. Isso é, no caso de sua atitude em relação à dor ser de aceitação e de redenção.

A principal característica dos guias é que eles ajudam o herói a vencer. Essa ajuda deve vir da experiência, e a experiência mais importante que precisam ter é a de transformar situações difíceis em oportunidades para transformar.

Nas histórias, a narrativa centra-se no herói, mas, ainda assim, os guias são os personagens mais fortes e mais capazes. Eles também são os mais atenciosos e compassivos. Podemos torcer pelo herói e odiar o vilão, mas nosso maior respeito é sempre reservado ao guia. Quando você pensar em guias nas histórias, pense no Sr. Miyagi em *Karatê Kid* ou no Lionel em *O Discurso do Rei*. Pense em Mary Poppins guiando a família para uma nova e melhor compreensão da própria vida.

Para mim, tornar-se um guia é a transformação mais significativa que pode acontecer em uma vida humana.

Enquanto escrevo estas palavras, minha esposa, Betsy, está grávida de nosso primeiro filho. Nada me causou mais curiosidade sobre as características de um guia do que o conhecimento que estamos prestes a nos tornar pais.

Uma verdade preocupante sobre a vida é a seguinte: se tivermos que morrer — e vamos — as únicas partes de nós mesmos que temos que deixar para trás viverão no coração daqueles que amamos.

Não vivemos esta vida para construir um monumento a nós mesmos, mas para transmitir nossa compreensão da vida àqueles que vêm depois de nós a fim de que suas histórias possam ser ainda mais significativas do que as nossas.

E se a história de nossas vidas for menos sobre o que ajudamos a construir e mais sobre quem ajudamos a construir?

Quão mais significativas seriam nossas histórias se, em nosso funeral, as pessoas falassem menos sobre nossas realizações e mais sobre nosso incentivo?

Se a vida nos ensina alguma coisa, parece ser isto: é algo significativo nos sacrificarmos pelo bem de outrem.

VIVER UMA HISTÓRIA NÃO É UMA ESCOLHA

A dura verdade sobre a vida não é que ela nos pede para viver uma história, mas que ela nos força a viver uma. Fomos forçados a viver esta vida pelo sopro de Deus. Surgimos chorando e ofegantes por ar, e o que fazemos com esse ar é o que constitui a qualidade de nossa história.

Podemos lamentar nosso destino não solicitado o quanto quisermos, mas, ao fazê-lo, arruinamos nossas histórias porque interpretamos a vítima. Podemos nos enfurecer com Deus por nos trazer ao mundo, mas, ao fazê-lo, interpretamos o vilão.

Não há como contornar o fato de que vivemos dentro de uma história de nossa própria autoria. Isso, contudo, pode ser um grande desafio se optarmos por ver as coisas dessa maneira.

UM CAMINHO PARA O SIGNIFICADO

Se olharmos de perto, veremos nas histórias um caminho que podemos tomar para viver uma vida mais significativa. O caminho, se trilhado corretamente, nos guia em uma jornada heroica por meio de uma transformação na qual nos tornamos um guia para os outros.

Nem todos fazem essa jornada e, por causa disso, nem todos vivem uma vida significativa. Muitas pessoas vão para suas sepulturas acreditando terem sido vítimas, e muitas mais vão para suas sepulturas atacando o mundo como vilões.

Há mais do que alguns bons livros sobre a jornada do herói. Muito tem sido escrito sobre viver com um senso de propósito. O que não foi escrito é um livro que divide essa jornada em um processo prático.

A verdade é que nossas vidas podem ser carregadas de sentido, assim como uma boa história é carregada de sentido. As boas, no entanto, obedecem a certas regras. Elas são construídas sobre princípios antigos e, quando os narradores os ignoram, suas histórias padecem.

Se você já sentiu que sua história é tão desinteressante que não quer nem virar a página, há esperança. Mesmo uma exploração casual dos princípios que lhe dão sentido pode proporcionar uma experiência de vida melhor.

Quando minha própria história começou a melhorar, notei muitos dos princípios que estavam causando a melhoria e, há cerca de dez anos, transformei esses princípios em um plano de vida e em um planner diário.

Desde que criei meu plano de vida e realizei o ritual matinal de preencher meu planner diário, tenho mantido esse forte senso de propósito. A vida não tem sido perfeita e nem sempre tenho sido feliz, mas, nos dez anos após ter criado meu plano de vida e usado o planner, nunca deixei de acordar interessado em minha própria história.

Uma das grandes tragédias que uma pessoa pode experimentar é sentir-se desinteressada por sua própria vida. Acordar acreditando que o destino está escrevendo uma história terrível, à qual estamos fadados, é como estar aprisionado em nossa própria pele.

A ideia de que o destino escreve nossa história é uma mentira. Não estamos fadados a nada. O destino é nosso parceiro na escrita de uma história gerada a partir de nossa própria criatividade e livre arbítrio dados por Deus. E essa história pode ser mais do que interessante: pode ser significativa.

O restante deste livro vai explorar como.

2

Um Herói Aceita
Sua Própria Agência

POR UM NÚMERO INFELIZ de anos, ignorei a ideia de que minha vida poderia ser melhor. Rejeitei a ideia de que precisava criar uma estrutura e um ritmo. E ignorá-las me custou muito caro. Eu diria que ignorar o fato de que precisava tomar controle de minha própria vida me custou uma década inteira de progresso pessoal.

Se pudesse voltar atrás, levaria minha vida mais a sério. Especificamente, levaria meu trabalho mais a sério. Viveria com alguma disciplina.

Naquela época, porém, eu era inteiramente controlado pelos humores. Só escrevia quando estava emocionalmente pronto. Eu vagueava por Portland o dia todo, de cafeteria em cafeteria, ouvindo música nos fones de ouvido, tentando reunir o humor para escrever o próximo parágrafo. Havia períodos, e não estou exagerando, que passava até três dias tentando encontrar um sentimento inspirador para poder escrever a próxima página de qualquer livro em que estivesse trabalhando.

Lembro-me de uma certa cadeira no Common Grounds Coffeehouse, na Hawthorne. Escrevi uma boa página lá uma manhã e passei a acreditar que as boas palavras só viriam se estivesse sentado naquela cadeira. Durante grande parte do mês eu aparecia pela manhã, e se alguém estivesse sentado nela eu ia ao restaurante vizinho e comia tacos como café da manhã na mesa junto à janela até que a pessoa naquela cadeira deixasse a cafeteria.

Sei que tudo isso soa como a vida de um escritor, mas os escritores de carreira não vivem dessa maneira. Stephen King, Annie Dillard e James Patterson tratam a escrita como uma disciplina. Eles trabalham como operários e constroem seus livros tijolo por tijolo.

Toda minha perambulação em busca de um estado de espírito era uma mentalidade de vítima. As vítimas vivem à mercê de forças externas a elas mesmas. Quando eu vivia em Portland, era como se minha vida de escrever fosse inteiramente controlada pelos padrões climáticos das emoções. É um milagre que eu já tenha terminado um livro.

De novo: os heróis não são tão fortes quanto você pensa. Eles geralmente não estão dispostos a agir, necessitam de ajuda, estão cheios de dúvidas e muitas vezes são incompetentes na mesma área em que lhes é dado um desafio.

A jornada, é claro, os modifica. E, portanto, o herói tem que participar. Precisa decidir ir em frente. Bilbo deixa o Condado. Ulisses zarpa. Romeu escala o muro até o pátio de Julieta. Em algum momento de uma história, os personagens se dividem e torna-se óbvio quem será a vítima, o herói, o vilão e o guia.

Eu nunca teria sido capaz de colocar palavras exatas, mas, durante a temporada de frustração com meus colegas de quarto, uma semente tinha sido plantada. Eu precisava mudar. Precisava levar minha vida a sério e praticar alguma disciplina.

A transformação heroica tem início quando o herói assume a responsabilidade por sua vida e por sua história. O personagem só se transforma no herói quando decide aceitar os fatos de sua vida e responder com coragem.

Compreendo o medo de tentar, no entanto. Como já disse, estava relutante em assumir essa estrutura. Pensar em mim mesmo como vítima me ofereceu uma coisa que uma mentalidade heroica não podia oferecer: uma desculpa.

Acho que essa é a grande razão para a falta de transformação na vida de uma vítima. Quando pensamos em nós mesmos como vítimas, podemos parar de tentar porque acreditamos que somos indefesos.

Quando falo de mentalidade de vítima, não estou falando de vítimas reais, é claro. As vítimas reais estão realmente sem esperança.

Estão presas em um calabouço, são espancadas e abusadas; na verdade, não têm saída. Em nenhum momento dos meus vinte anos fui uma vítima de verdade. Só queria pensar em mim como uma vítima, assim eu não teria que tentar.

Muitas vezes me pergunto se as pessoas rezam por resgate e depois se ressentem de Deus por não ajudá-las, apenas para perceber, com o tempo, que Deus não as resgatou porque não precisavam ser resgatadas. Elas não eram, de fato, vítimas.

O LOCUS DE CONTROLE

Os psicólogos têm um nome para o ato de entregar o poder a forças externas. É chamado de "locus de controle externo". Significa que a pessoa que se rende ao poder acredita que as forças externas estão no comando. Um locus de controle interno significa que acreditamos que, em grande parte, estamos de fato no controle de nossos próprios destinos. Já um locus de controle externo significa que acreditamos que somos impotentes frente às forças externas.

Essa é uma transição importante para todos nós. Os psicólogos têm associado um locus de controle externo com níveis mais altos de ansiedade, taxas mais altas de depressão, salários mais baixos e relacionamentos conturbados.

Um locus de controle interno, por outro lado, tem se mostrado correlacionado com um sentido de pertencimento mais forte, menos depressão, salários mais elevados e relacionamentos mais satisfatórios.

Essas correlações fazem sentido. Uma pessoa que não acredita que pode controlar sua vida é um motorista no banco de trás em sua própria pele, deslizando de um lado para o outro enquanto o "destino" cegamente se desloca para fora da estrada. Eles não percebem que estão realmente no lugar do motorista e podem orientar sua vida em direção aos resultados pretendidos.

MAS QUANTO DE NOSSAS VIDAS PODEMOS REALMENTE CONTROLAR?

A verdade, sem dúvida, é que não podemos controlar todos os aspectos de nossas vidas. Não consigo controlar o clima (embora eu decida se fico ou não na chuva) e não consigo controlar outras pessoas, ao menos não se eu quiser uma relação saudável com elas. Não consigo controlar quando ou onde nasci, minha altura, se tenho ou não uma boa voz para cantar e assim por diante.

Mas algumas pessoas acreditam erroneamente que, por não poderem controlar algumas características de suas vidas, não podem controlar suas vidas de forma alguma. Corporações, políticos e até mesmo alguns líderes religiosos frequentemente se aproveitam dessas pessoas. Os líderes manipuladores tentam convencê-las de que os problemas que as afligem não são culpa delas e que, se apenas confiar neles ou em sua ideologia, tudo ficará bem.

Os cientistas sociais usam outro termo para explicar a dinâmica do controle pessoal e do poder: *agência*.

A agência se refere à capacidade que temos de fazer nossas próprias escolhas. E todos nós a temos. Ela pode ser injustamente limitada por fatores tais como classe social, religião e habilidades, mas quase nunca é completamente limitada. Na verdade, pessoas muito felizes conhecem um segredo: um ser humano tem uma quantidade ridícula de agência pessoal. A reação de uma pessoa a um conjunto de circunstâncias afeta dramaticamente a forma como sua história se desenrola.

Analisando minha vida, sei exatamente onde perdi minha agência. Desisti dela quando era criança. Meu pai nos deixou quando eu tinha 2 anos e minha mãe voltou a trabalhar. Sem um diploma universitário, ela trabalhava como secretária em uma refinaria de petróleo e saía de manhã cedo para o trabalho. Então, minha irmã e eu íamos a pé para a escola, muitas vezes com roupas que nossa mãe tinha costurado porque não tínhamos condições de comprar roupas novas. Eu encontrava conforto na comida e comia qualquer coisa açucarada. Comecei a ganhar peso e era, sem dúvida, a criança mais pesada da escola. Tudo isso, é claro, me levou a sofrer bullying no recreio.

Quando você sofre bullying, tem duas opções: revidar ou se deitar e fingir de morto. Eu me deitava e me fazia de morto. E em grande parte funcionou. Se eu estava desamparado, ninguém me incomodava. Aprendi a continuar indefeso e, pior ainda, realmente acreditava na mentira de que eu era indefeso.

Certamente esses foram tempos difíceis e acho graça do meu passado. Mas lembre-se: há um ponto em cada história no qual os personagens se dividem. O personagem que se torna a vítima acredita que está desamparado e age a partir dessa crença. O personagem que se torna o herói aceita sua agência e se levanta contra suas circunstâncias.

O que lamento sobre minha vida é quanto tempo levou para que eu aceitasse a agência. Se tivesse o conhecimento para fazer essa transição mais cedo, muitos anos teriam sido redimidos. Eu teria me divertido muito mais na adolescência e aos vinte anos se tivesse me rebelado.

Na verdade, crescer pobre, ir a pé para a escola e sentir-se um pouco negligenciado não precisava ser uma coisa tão ruim. Gostaria de ter tido tanto orgulho de minha educação naquela época quanto tenho hoje. Minha mãe trabalhava duro. Ela nos amava o suficiente para costurar nossas roupas. Tivemos uma vida dura, mas, quando se tem uma vida dura, aprende-se a ser duro, se estiver disposto. Só demorei muito mais tempo para estar disposto.

MAS E SE FORMOS REALMENTE VÍTIMAS?

O que lamento ainda mais é que perdi tempo fazendo o papel de vítima enquanto existiam vítimas reais no mundo.

Minha esposa atua como presidente da diretoria de uma organização chamada Rescue Freedom. Ela ajuda os sobreviventes do tráfico humano a fugir, encontrar segurança e se recuperar de seu trauma para viver vidas saudáveis e cheias de significado. É uma organização verdadeiramente magnífica.

Quando penso nas vítimas reais, penso nas crianças que a Rescue Freedom ajuda. É vergonhoso que uma vez eu tenha me considerado desamparado quando não estava desamparado. Na verdade, mesmo os sobreviventes do tráfico humano que ela ajuda nunca são referidos como vítimas; são chamados de *sobreviventes*. Pois isso é o que eles são. Essas crianças são fortes. Elas são heróis que precisavam de alguma ajuda para se erguerem contra seus opressores. São personagens de uma história com um futuro brilhante. Não se trata de caridade.

Uma vez libertadas, as verdadeiras vítimas podem facilmente se transformar em heróis. De fato, antigas vítimas que agora são sobreviventes heroicas são algumas das mais fortes e mais corajosas defensoras da mudança, pois conhecem em primeira mão a opressão e a dor que existem no mundo.

Meu filósofo favorito, Viktor Frankl, é um exemplo fantástico de uma vítima real que, mediante pura força de vontade, invocou a energia heroica para se transformar e viver uma história incrível.

Na década de 1930, sua terapia, chamada logoterapia, começou a convidar pessoas que se viam como vítimas para uma vida de propósito. A logoterapia se traduz em uma terapia de sentido. Frankl a usou para cuidar de pacientes com tendências suicidas e o tratamento funcionou. Muitos dos pacientes experimentaram uma transformação positiva ao começar a trabalhar em projetos, unir-se a comunidades e conscientemente reenquadrar sua dor para vê-la como um benefício. Ele ensinou seus pacientes a compreenderem sua própria agência.

A teoria de Frankl sobre a vida ter sentido mesmo em meio à dor e ao sofrimento extremos foi testada e comprovada. O psicólogo tinha trabalhado arduamente em um manuscrito explicando sua teoria quando os nazistas invadiram Viena em 1938. Como judeu, ele foi preso. Antes de ser levado, porém, sua esposa, Tilly, costurou seu manuscrito no forro do casaco de Frankl para que ele pudesse continuar seu trabalho. No primeiro dia no campo de concentração, seu casaco e seu manuscrito lhe foram tomados. O trabalho dele estava perdido.

Os nazistas, então, separaram o psicólogo de Tilly, que estava grávida de seu primeiro filho. Ela foi, depois, assassinada no campo de concentração, ainda grávida. Frankl logo saberia que sua mãe e seu pai também haviam sido assassinados. Ele próprio estava, compreensivelmente, desesperado e quase suicida.

Em vez de tirar sua vida, porém, ele percebeu que ela ainda poderia ter um propósito. Aceitou a agência sobre aquilo que ainda podia controlar e, de alguma forma, mesmo no campo de concentração, começou a reescrever o manuscrito de cor. Não obstante o trabalho forçado ao qual era submetido e a visão da morte que o cercava, continuou seu trabalho, não permitindo que seus carcereiros lhe tomassem o que restava de sua agência.

No campo de concentração, amigos vinham até ele e desafiavam sua noção de que suas vidas tinham sentido, mesmo quando eram tratados como animais.

"Nossas histórias serão contadas e, quando forem contadas, o mundo saberá que existe um mal contra o qual devemos nos proteger", explicou Frankl. "Ainda que eles nos matem, nossas vidas servem a um propósito. Nossas vidas têm um sentido."

Após sobreviver milagrosamente ao campo de concentração, Viktor Frankl continuou a dar palestras sobre como a vida oferecia um profundo senso de significado a qualquer pessoa que aceitasse o desafio. Ele encorajou plateias — que sentiam um desespero pessoal em meio a dificuldades — a reenquadrar a própria história. Encorajou o mundo a entender que, em toda sua luz e escuridão, a vida ainda era bela e poderíamos contribuir para o crescimento dessa beleza.

Ele reescreveu seu manuscrito e publicou o livro. *O Homem em Busca de um Sentido*, a obra inspiradora de Frankl, vendeu mais de 16 milhões de exemplares.

A principal característica das ideias de Frankl é a agência pessoal. Ele argumenta que é nossa escolha acreditar que a vida tem sentido e que podemos escolher experimentar esse sentido se estruturarmos nossas vidas para servir a um propósito maior.

Nenhum outro pensador me ajudou mais a entender o que vivi na transição de vítima para herói do que Viktor Frankl. Escrevo muito sobre histórias, e, embora o trabalho incrível do estudioso Joseph Campbell certamente tenha me ajudado a entender os elementos de uma narrativa e como eles funcionam para explicar a vida, foram os pensamentos de Frankl sobre a logoterapia que traçaram a jornada do meu próprio herói.

Se Viktor Frankl não se via como vítima, eu não tinha desculpa. Nenhum de nós tem. Todos podemos reestruturar nossa história e estruturar nossas vidas de tal forma que experimentemos um profundo e gratificante senso de significado.

Depois de perceber o que a mentalidade de vítima me custou, comecei a escrever com um propósito maior. Decidi dedicar as manhãs para escrever, independentemente de meu estado de espírito.

Eu ainda não tinha criado a estrutura definida para minha vida que delinearei neste livro, mas decidi que queria publicar. E, assim, escrevi um livro. Uma editora me contratou e trabalhei com afinco para contar a história.

Enquanto escrevia meu primeiro livro, acreditava que seria um best-seller e que minha história de transformação estaria completa. O livro vendeu cerca de 37 exemplares e minha mãe comprou 20 deles. Foi um fracasso.

Mas, se um herói não experimenta contratempos, a história fica monótona. Contratempos e desafios são os únicos elementos em uma história que nos mudam. Mas eu não sabia de nada disso na época. Apenas pensei que tinha fracassado e fiquei furioso com isso.

Afinal de contas, havia feito minha parte. Eu me apresentei e me disciplinei para conseguir as palavras. O destino me devia um best-seller e um jantar com a Oprah.

O fracasso desse livro inaugurou outra época de tentação. A brilhante isca da vítima pendurada na minha frente. Eu me enganei sobre meu próprio talento. Trabalhei durante um ano preparando uma carta para o mundo que ninguém queria ler.

E então esse foi outro ponto da minha história no qual os personagens se dividem. Era como se pudesse ver os caminhos diante de mim. Podia escolher fazer o papel da vítima ou do herói. O caminho da vítima me oferecia uma desculpa; ele me tentava com a simpatia que outros me ofereceriam. Mas, sabendo como essa história era cansativa e vazia, decidi tomar o caminho melhor.

Comecei a olhar para o lado positivo. Escrever um livro de que ninguém tinha ouvido falar me fez um tagarela excepcional em jantares.

"Então, você escreveu um livro? Eu o encontro em uma livraria?"

"Não está na prateleira. Mas peça ao balconista, ele pode encomendar. E pode pedir emprestado na biblioteca, mas não recebo por isso."

Continuei escrevendo. O próximo livro venderia bem. Mas eu ainda estava muito acima do peso. Quando as pessoas faziam fila nas tardes de autógrafo, eu perguntava a quem fazer a dedicatória cheirando a hambúrguer. Usava suéteres grandes mesmo quando estava quente. Ainda era absolutamente horrível para atrair as mulheres. Contudo, de alguma forma isso me dava um ar de azarão e os leitores gostavam disso. Nas tardes de autógrafo as pessoas me olhavam com esperança, como se a parte deles que toma litros de sorvete enquanto assiste à televisão também pudesse, algum dia, escrever um livro.

Continuei tentando. Emagreci um pouco. Consegui uma namorada e, quando não deu certo, consegui outra.

Depois comecei a estruturar minha vida com um pouco mais de disciplina. Graças a Frankl, a alguns outros escritores e a um amplo período de tempo estudando a sujeira no meu umbigo raso, percebi o que estava procurando.

Frankl acertou: eu procurava um significado.

Sua receita para significado era simples. No próximo capítulo falarei sobre isso e como eu a experimentei. Essencialmente, porém, seria se lançar em uma história na qual você tenta realizar algo importante. Você aceita os desafios e os supera, se puder.

Perdi minha mentalidade de vítima como se tivesse perdido o peso: lentamente, de forma inconsistente e, muitas vezes, com contratempos. Mesmo assim, se você quiser perder doze quilos em um ano e ganhar apenas quatro no ano seguinte, posso ajudar. Tudo o que você tem que fazer é se preocupar muito. Leva muito tempo, mas até perder o peso você pode usar um suéter grande.

Com o significado é o mesmo. Você aceita sua própria agência. Muda seu locus de controle — de fora para dentro de si mesmo. Você se aventura intencionalmente, e experimenta o significado. Você tem um objetivo, supera desafios, coloca outra folha na máquina de escrever. Acorda a cada dia e avança com o enredo. Quanto mais eu vivia intencionalmente, e quanto mais focado meu plano de vida e minha estrutura diária se tornavam, mais eu me transformava.

Eu senti o significado: no desafio de escrever outro livro; no medo de falar com uma garota na igreja; na compra de um cachorrinho; na escalada de uma montanha; em aprender a andar de caiaque.

É mais sutil do que isso, mas acredito que você compreende. Para experimentar o significado, você tem que aceitar sua própria agência e mudar sua vida com intenção.

A questão é que a vida parece ter sentido se você estruturá-la para que a experiencie.

Comecei a perceber que a vida e a escrita de histórias tinham algumas regras em comum. Se os personagens não querem algo, não enfrentam seus desafios e não se esforçam e crescem, a história não funciona.

Se não queremos algo, não enfrentamos os desafios e não tentamos coisas difíceis, nossas histórias de vida também não funcionam.

Eu ainda não sabia completamente quais eram essas regras. Ainda as estava descobrindo. Mas percebi que tinha um grande controle sobre minha vida, especialmente sobre minha atitude. De novo: aceitei minha própria agência. E minha vida lentamente começou a melhorar.

E SE A VIDA NÃO FOR SEM SENTIDO?

Mais tarde, naquele ano, um amigo de um amigo perguntou se poderíamos nos reunir para conversar sobre escrita. Ele era um jovem escritor ainda não publicado que tinha lido um de meus livros e queria saber como funcionava o processo de publicação. Sentamos e conversamos por um tempo, e aos poucos percebi que ele era um niilista. Ele rejeitava a ideia de que a vida tinha sentido.

A certa altura, enquanto ele pontificava de forma poética sobre o grande fardo de sua existência, eu o interrompi.

"E se a vida não for sem sentido?", perguntei.

"O que você quer dizer?"

"Bem", eu disse, "e se a vida tiver um significado e você tiver que viver de certa maneira para experienciar esse significado? E se o raciocínio dialético não te levar à resposta?".

"Explique", disse ele.

Não deveria ter respondido como fiz: "E se a própria vida não for desprovida de sentido? E se apenas *sua* vida não tiver sentido?"

Não nos tornamos amigos depois disso, mas ainda acho que é uma observação válida.

E se a vida for como uma história e você e eu estivermos no teatro de nossas próprias mentes, olhando para fora das câmeras de nossos olhos? E se a história que se desenrolar parecer significativa ou sem sentido com base no que decidimos fazer acontecer nela? E se, ao confiarmos no destino para escrever nossas histórias, elas não tiverem sentido, mas se aceitarmos nossa própria agência e estruturarmos nossas vidas de certa forma, elas se tornarão carregadas de sentido?

Acho que minha resposta não foi suficientemente boa para o amigo do meu amigo. Acho que ele queria uma prova de que a vida tinha sentido antes de estar disposto a experimentar esse sentido.

Para mim, entretanto, toda a ideia de que o significado pode ser experimentado, mas não provado, fazia cada vez mais sentido. Não conseguia explicar por que estava começando a sentir um maior senso de propósito ou por que estava mais interessado em assumir meu lugar a cada manhã. Eu apenas sabia que o significado estava acontecendo.

E tudo isso teve a ver com sonhar uma história e viver essa história. Tudo tinha a ver com viver como um herói em uma missão.

Acredito que há milhões que, quando a história de sua infância, do ensino médio e do universitário termina, sentam-se no cinema vazio de sua mente, vendo os créditos rolarem, esperando que o destino lhes conte mais uma história. Mas, quando estamos por nossa conta, nossos pais, nossos professores e nossa cultura param de nos dizer o que fazer, e temos que sonhar com algo para nós mesmos.

O termo que uso agora para descrever a inquietação de sentar no teatro de nossas mentes esperando que algo aconteça é: *vazio narrativo*. Não estar mais interessado em sua própria história, principalmente porque a história não é interessante — é assim que muitas pessoas vivem. E é triste.

Foi isso que comecei a entender. E venho acreditando cada dia mais nos últimos vinte anos.

Minha vida não é menos difícil do que a de qualquer outra pessoa, e nem sempre sou feliz. Porém, em resposta à pergunta se minha vida parece carregada de sentido, eu digo que sim. Está.

Muitas histórias não deram certo. Todo bom escritor tem milhares de páginas jogadas no lixo. Má escrita é má escrita. É a mesma coisa na vida. Não dá certo todos os dias.

Mas muitas das histórias que tentei viver funcionaram muito bem e estou feliz por isso. Betsy e o bebê a caminho. Este livro. Minha empresa. Nossa casa. Não sou o mesmo homem que costumava ser porque as histórias que escolhi para viver me transformaram em outra pessoa.

Nas histórias, personagens que se esforçam se transformam. Eles têm que fazê-lo. A pessoa que eles eram não é suficiente para superar seus desafios. Eles têm que ficar mais fortes, mais humildes, mais ternos, mais inteligentes. Têm que mudar para fugir da prisão.

E, nas dores de crescimento que vêm com a transformação, há uma experiência de significado.

Não posso provar. Mas, naquela época, eu comecei a sentir. E ainda hoje eu a sinto.

Não experimentamos um profundo senso de propósito vivendo como vítimas; mas o fazemos quando vivemos como personagens agindo em uma missão importante.

Então, como podemos aceitar nossa própria agência e viver de tal forma que vivenciemos um significado? Vou abordar isso no próximo capítulo.

3

Um Herói Escolhe uma Vida de Significado

POR MUITO TEMPO acreditei que "significado" era uma ideia filosófica que você experimentava apenas quando concordava com um conjunto de crenças. Não acredito mais nisso. Na verdade, discordo que o significado possa ser experimentado por acreditar em um conjunto de ideias. Em vez disso, para mim, significado se experimenta agindo.

Significado é algo existencial. Para ser mais preciso, é um estado emocional que você experimenta sob certas circunstâncias que podem ser criadas por nós com relativa facilidade.

Para experimentar o significado, uma pessoa simplesmente precisa se levantar, mirar o horizonte e, com profunda convicção, decidir aventurar-se na esperança de compor uma história significativa. O significado é algo que se experimenta enquanto se está em uma aventura.

As vítimas, portanto, não conseguem experimentar um profundo sentido de significado. Elas não estão em ação. Não estão tentando realizar algo, construir algo ou criar um novo mundo. Em vez disso, julgam-se desamparadas. Essa é mais uma razão para eu olhar para os meus anos de vítima e vê-los como uma época desperdiçada.

Hoje, sinto uma profunda sensação de propósito e estou feliz. Passei anos estudando teologia e filosofia. Foram bons anos, mas estava enganado ao acreditar que o estudo do significado me daria essa sensação. Estudar o amor não faz com que você se apaixone. Apaixonar-se acontece sob certo conjunto de circunstâncias.

De novo: o significado é experimentado por uma pessoa quando ela avança em uma história. E é uma notícia fantástica que essa história pode ser uma de nossa própria autoria. Não temos que confiar no destino para nos escrever uma história. Podemos escrevê-la nós mesmos.

E, no entanto, tudo isso suscita uma pergunta: quais regras devemos seguir para experimentar um profundo sentido de propósito?

UMA FÓRMULA PARA CRIAR SIGNIFICADO

Como já mencionei, sou um fã do Dr. Viktor Frankl. Tenho falado e escrito sobre seu trabalho durante anos porque, em muitos aspectos, ele salvou minha vida. Ou pelo menos melhorou drasticamente a qualidade dela.

Descobri Viktor Frankl em um dia em particular, no qual era mais provável que eu acolhesse e entendesse suas ideias.

Há cerca de 15 anos, ao lado de vários amigos, fiz uma viagem de bicicleta pelos Estados Unidos. Passamos juntos grande parte de um verão. Começamos em Los Angeles e terminamos em Delaware.

Isso foi logo no início de minha transformação de vítima em herói. Na época, ainda começava a sair da concha de vítima. Minha identidade própria apenas começava a se transformar da mentalidade de vítima para a mentalidade de herói, mas eu ainda estava desajeitado com essa coisa de viver. Independentemente disso, estava começando a entender que a vida é melhor vivida em movimento. Havia publicado alguns livros e estava provando ter resistência mental, mas meu corpo continuava em frangalhos. Eu me inscrevi para o passeio de bicicleta porque queria ver se poderia me tornar um indivíduo capaz de fazer coisas físicas difíceis.

A viagem foi, sem dúvida, uma coisa física difícil. Os Estados Unidos são um país grande, especialmente quando você o atravessa horizontalmente, sem um carro. Surpreendentemente, no entanto, gostei do desafio. De certa forma, foram sete semanas de meditação forçada. Encontrei conforto no ritmo dos pedais da bicicleta fluindo um sobre o outro. Os trilhões de postes de cercas ao longo das estradas secundárias do país e as vacas fugindo, assustadas com o som dos rolimãs de nossas engrenagens, ofereciam uma ancoragem sutil à terra. O mau tempo vindo do outro lado do deserto deu a sensação de que compartilhávamos o mundo com monstros, alguns amigáveis e outros nem tanto.

Estávamos, definitivamente, vivendo dentro de uma história. Pneus furados. Tempestades de granizo. Exaustão de calor. Quedas. Tentar achar comida. Tentar encontrar água. Todos os dias andando outros 150km como podíamos. Havia significado naqueles quilômetros. Éramos personagens indo para o leste, crentes de que se continuássemos pedalando surgiria um oceano dizendo que tínhamos nos transformado, que éramos o tipo de pessoa que pode fazer algo difícil.

E mesmo assim, na última semana do passeio, tive um sentimento desconfortável. Estava preocupado porque havia notado algo na década anterior: quando partia para uma aventura, sentia uma sensação de propósito, mas, quando ela terminava (ou um novo livro saía, uma grande oportunidade de falar era aproveitada ou entrava em um relacionamento), eu desmoronava. Após ter realizado algo de bom, a sensação de significado parecia diminuir. E diminuía rapidamente.

Algumas de minhas experiências mais tristes, mais deprimentes, aquelas do tipo *não conseguir sair da cama*, vieram depois de uma realização significativa.

O SIGNIFICADO ACONTECE QUANDO VOCÊ COMEÇA UMA HISTÓRIA

Agora eu sei que quando uma história termina e os créditos rolam, você tem que começar uma nova história.

O que eu sentia naqueles últimos dias de viagem pelos Estados Unidos eram as ramificações do fim de uma perseguição, o fim vacilante de uma história. Fiquei deitado na cama algumas noites antes do nosso último dia pensando em como seria ótimo atravessar Delaware e caminhar para o Atlântico. E, mesmo assim, sabia que seria uma tentação ficar onde estava por muito tempo. Haveria a tentação de esticar o momento da realização, de sentar e olhar fixamente para uma página em branco em vez de colocar outra folha de papel na máquina de escrever e começar outra história.

Tiramos um dia de folga em Washington, D.C., antes de dar o ponto-final. Andamos pelo National Mall. Éramos rápidos, em muito boa forma. Fomos da Casa Branca para o Capitólio e depois para Georgetown em minutos. Costurávamos táxis e ônibus, acompanhando o tráfego e até mesmo passando pelos carros mais lentos enquanto suas luzes de freio entupiam os cruzamentos. Nunca tinha estado em tão boa forma e nunca mais estive desde então. Foi a primeira vez na vida que experimentei a emoção de um corpo que funcionava bem.

Foi em uma livraria em D.C. que descobri *Em Busca de Sentido*, de Viktor Frankl.

O título parecia ousado, e também uma resposta à minha preocupação. Certamente tinha experimentado um significado na viagem pelos Estados Unidos, mas me perguntava como manter essa sensação.

Tinha ouvido falar de seu livro, mas não o havia lido. Sabendo que precisaria de uma leitura para o voo de volta, eu o peguei.

O dia seguinte foi emocionante. Fizemos 120km em pouco mais de 3 horas. Delaware é plano e pequeno. De D.C. você pode chegar ao oceano rapidamente; e nós fomos rápidos. As montanhas, os desertos, as adversidades e o sol escaldante estavam atrás de nós. A adrenalina de uma história que chegava ao fim alimentou nossas pernas. A 16km do Atlântico, tiramos nossos capacetes para sentir melhor o ar do oceano. Acho que todos nós choramos. A grama alta dos dois lados da estrada acenava para nós — e então lá estava ele. Grande como uma banheira para o cosmos. O Oceano Atlântico. Caminhamos de bicicleta até a costa, as deixamos na areia e nadamos.

Nadamos muito tempo, mal acreditando no que tínhamos feito.

E, ainda assim, o tempo todo eu sabia que amanhã ou no dia seguinte ou no dia depois, o fantasma da falta de significado começaria a me assombrar. Não há problema em descansar. É bom descansar. Mas não se pode ficar deitado por muito tempo. Mesmo depois de uma grande aventura, todos devemos sonhar com algo novo.

Podia ouvir a pequena e silenciosa voz do fantasma: *o significado somente é experimentado em movimento.*

No voo de volta, Viktor Frankl me deu um nome para a inquietação. Ele a chamou de "vácuo existencial". Nomeou com precisão o estado em que ficamos quando terminamos uma aventura apenas para sentar no teatro de nossas próprias mentes, observando uma tela em branco. "Vácuo existencial" pareceu ser o termo apropriado. Agora eu acredito que o "vácuo existencial" é onde muitas pessoas vivem. É essa sensação de que a vida deveria ser melhor, mais interessante, mais divertida, mais gratificante e mais satisfatória.

Viktor Frankl estava certo. Todas as boas características que a vida oferece podem e devem acontecer. Ele foi um neurologista e psiquiatra de destaque em Viena durante os anos 1930, algumas décadas depois de Sigmund Freud popularizar a psicanálise ao defender que o desejo de prazer motivava o comportamento humano. Frankl não concordava com Freud. Frankl disse que o homem não tinha uma vontade de prazer, mas uma vontade de sentido. E, quando o homem não conseguia encontrar sentido, se distraía com o prazer.

Por que estamos tão inquietos? Porque o sorvete distrai, mas não satisfaz. Porque o álcool oferece uma sensação de paz fabricada. Porque luxúria não é amor.

Frankl estava certo. *Distraímos a nós mesmos com o prazer quando não podemos encontrar um senso de propósito.*

A FÓRMULA PARA UMA VIDA DE SIGNIFICADO

A fórmula de Frankl para experimentar uma vida de sentido era pragmática e tripla:

1. Agir, criando um trabalho ou realizando uma façanha.

2. Experimentar algo ou encontrar alguém que você ache cativante e que o tire de si mesmo.

3. Ter uma atitude otimista em relação aos inevitáveis desafios e sofrimentos que experimentará na vida.

Enquanto lia *Em Busca de Sentido*, pensando na viagem que acabáramos de fazer pelo país e no profundo senso de significado que veio com o esforço, percebi que os três elementos estavam presentes. Tínhamos uma ambição específica: pedalar do Pacífico até o Atlântico. Também experimentáramos algo bonito que era mais interessante para nós do que nós mesmos: um para o outro, sem mencionar a paisagem. Pedalar sobre o Joshua Tree ao nascer do sol. Escalar as longas e lentas montanhas no Blue Ridge Parkway. Depois, finalmente, os desafios: cada dia era doloroso, mas a dor servia a um propósito. A dor nos tornava mais fortes ao criar uma rica proximidade que só vem quando se compartilha um desafio com amigos.

Toda a viagem, assim como os livros que escrevi ou os projetos que completei, teve nela uma pequena história. Sem saber, todos nós, naquela viagem, havíamos vivido como heróis em uma missão. Tínhamos nos jogado na logoterapia e, assim, experimentamos um profundo senso de significado.

Mas a grande revelação para mim veio ao perceber que não basta experimentar significado enquanto vive uma história para que ele continue. Se qualquer um daqueles três elementos for removido, você deixa de sentir uma sensação de propósito e retorna ao vácuo existencial.

Muitas pessoas vivem no vácuo existencial sem perceber que podem, de novo, vivenciar facilmente o significado. Elas precisam apenas abraçar uma pequena história.

Pense nas épocas mais agitadas e desconfortáveis de sua vida. Você ficou fascinado por um projeto que exigiu sua atenção? Ficou fascinado com a beleza e as pessoas ao seu redor? E foi capaz de refletir sobre seu sofrimento e identificar como, embora fosse certamente doloroso, também estava enriquecendo sua vida?

Se algum desses três elementos estiver faltando, o senso de propósito provavelmente evaporou e você ficou olhando para o nada fazendo-se perguntas idiotas como *Por que estamos aqui?* e *Por que a vida é tão vazia?*

A fórmula de Frankl — aquele significado encontrado ao agir em um projeto, ao se apaixonar por algo ou alguém que não seja você mesmo e ao dar um propósito à sua dor — é algo com o qual todos nós, acidentalmente, já nos deparamos em vários momentos da vida.

Mas, para mim, a grande revelação veio quando percebi que podíamos fazer o significado acontecer a qualquer momento que quiséssemos.

Em outras palavras, os seres humanos têm a habilidade de produzir significado.

Se escolhermos um projeto para trabalhar; se nos abrirmos à beleza da arte, da natureza e até de outras pessoas; e se pudermos encontrar uma perspectiva redentora para nossa dor inevitável, experimentaremos um profundo senso de propósito.

QUAL É A SENSAÇÃO DO SIGNIFICADO?

Para mim, significado não parece alegria ou mesmo prazer. Tive muitos dias ruins no meio da experiência do significado. Ele é melhor do que isso. Assemelha-se ao propósito. Quando o experimento, minha vida parece desempenhar um papel de destaque em uma história importante. Nunca fui capaz de provar que o sentido de propósito é justificado, mas isso não importa. Ao experimentar o significado, *sinto* como se minha vida fosse uma história interessante para mim e também boa para o mundo.

Tenho muitos amigos que defendem ideias religiosas ou filosóficas tentando provar que a vida tem sentido; contudo, eles não experimentam sentido em suas vidas porque não estabeleceram uma história.

Quantas pessoas se sentam nos bancos da igreja ouvindo palestras sobre Deus apenas para voltar para casa e se sentirem impacientes? E por quê? Talvez seja porque não experimentamos o significado ao estudar o significado. Ao contrário, nós experimentamos o significado agindo. Até mesmo Jesus disse: "*Siga*-Me, em vez de *Entenda*-Me." E se a experiência do significado exigir ação?

Além disso, acredito que o significado é filosófica e teologicamente agnóstico. Você pode ser ateu, cristão, muçulmano ou qualquer outra coisa e experimentar o significado, assim como pode ser ateu, cristão ou muçulmano e experimentar alegria e amor.

O significado não é uma ideia com a qual se deva concordar. É um sentimento que se tem quando se vive como um herói em missão. E não pode ser percebido sem agir e viver em uma história.

Após os anos que levei para aprender a criar significado, achei interessante conhecer outros que também o experimentavam. Pude reconhecê-los imediatamente. Eles estavam construindo uma família ou uma empresa. Lideravam uma equipe. Tentavam escrever um livro ou gravar um álbum ou criar arte suficiente para expor em uma galeria. Eles estavam em movimento. Estavam construindo algo.

Não só isso: também combinavam sua ambição com uma valorização do desafio. Eles não eram vítimas. Sabiam que a dor fazia parte da vida e que podiam usar a dor para ajudá-los a se transformar em versões melhores de si mesmos. Afinal, todos vamos experimentar a dor — por que não permitir que ela melhore nosso caráter e nossa visão da vida?

Definitivamente, eles não eram egocêntricos. Eram fascinados pelo mundo, pela arte, pela música e pela natureza. Também estavam centrados em seus projetos, na beleza que acreditavam trazer para o mundo.

E, como eram personagens em uma história sobre construir algo e ser útil, experimentaram tanto o significado quanto a transformação.

Descobri que "meu povo" — as pessoas com quem me relaciono melhor neste mundo — não são as que concordam com minhas ideias religiosas ou mesmo minhas ideias políticas, mas as pessoas que vivem como personagens dentro de uma história de sua própria autoria.

PODEMOS DECIDIR EXPERIMENTAR O SIGNIFICADO

Em algum momento dessa época da vida, comecei a ficar um pouco obcecado em esquematizá-la para poder experimentar o máximo de significado. Comecei a viver mais estrategicamente. Planejei minha vida como um escritor planeja uma história: defini uma ambição (da mesma forma que um escritor faz com seu personagem principal), abracei desafios, aprendi com os erros e todos os dias tentava acrescentar algo na trama. De novo: fiz isso tudo de forma a otimizar e a permanecer dentro da experiência de significado.

Nem tudo correu perfeitamente para mim. Como disse, não podemos controlar todos os aspectos da vida. Mas temos muito mais sorte quando permanecemos em movimento. Controlei os projetos em que trabalhei, a atitude que tinha em relação ao conflito e à comunidade que criei. Controlei os livros que escrevi, o horário que estabeleci, a disciplina para levantar cedo todas as manhãs. Eu vivia com intenção.

O que notei, então, é que a vida tende a encontrá-lo à medida que você se move; e, quanto mais se move, mais oportunidades a vida lança em seu caminho.

Para facilitar uma vida com sentido, criei o plano de vida que mais tarde exporei para vocês neste livro. Também criei um simples planner diário para me manter no caminho certo. A maneira como eu via o plano de vida era semelhante a como um escritor vê o esboço de sua história. Ele planeja seu livro e depois o escreve. Se o esboço precisar mudar porque o livro fluiu de maneira diferente do que ele pensava, tudo bem, mas ao criar um esboço ele estabelece uma direção e cultiva a inspiração para começar a escrever. Assim, o planner diário tornou-se meu pequeno segredo para me manter disciplinado. Se eu preenchesse a página do planner diário em determinado dia, estaria sempre em maior sintonia com minha própria história do que se não o fizesse.

O planner diário e o plano de vida me ajudaram a colocar três grandes ideias uma sob a outra: a primeira era a fórmula de Viktor Frankl de como experimentar o significado. A segunda foi tudo que aprendi estudando os quatro personagens principais que estão em quase todas as histórias, e como interpretar esses personagens afeta a qualidade de nossas vidas. A terceira foi a necessidade de aplicar tudo o que aprendi à própria vida e aproveitar a incrível (e sempre com data de vencimento) oportunidade de criar sentido.

A ideia de que todos faríamos bem em viver como heróis em uma missão veio até mim mais tarde, mas a percepção de que precisava me mover proativamente para a vida, em vez de simplesmente deixar a vida acontecer, foi suficiente para melhorar minha experiência geral.

É verdade que meu plano de vida mudou ao longo do tempo. A cada ano o editava um pouco baseado na direção ligeiramente nova que tanto meus desejos quanto as oportunidades que a vida me dava pareciam oferecer. No entanto, sem o exercício de criar um plano de vida, minha história teria se transformado em entropia e, por fim, em um vazio narrativo. O vazio existencial.

Tenho usado o plano de vida que criei há cerca de dez anos, e que a cada ano parece ficar melhor.

Como disse, para criar meu plano de vida, voltei aos três elementos que Frankl descreveu em sua fórmula de significado:

1. **_Criar algo ou realizar uma façanha._** A vida nos convida a ser importantes e necessários. Se acordamos todos os dias e temos uma tarefa a cumprir, especialmente uma tarefa na qual outras pessoas estão envolvidas ou sem a qual outras pessoas poderiam de alguma forma sofrer, nós nos tornamos necessários no mundo. Sentimos que temos um propósito (porque temos). Ao exigir um trabalho ou uma façanha, acho que Frankl queria dizer: _arrume um grande motivo para acordar e sair da cama pela manhã. Se o fizer, isso o ajudará a evitar o vácuo existencial._

2. **_Experimentar algo ou encontrar alguém._** Devemos reconhecer que não estamos sozinhos no mundo e, de fato, o mundo e as histórias que se desdobram sobre ele inspiram

admiração. Todos nós sabemos que as maiores experiências que temos na vida são drasticamente aprimoradas se forem compartilhadas com outros. De acordo com Frankl, para experimentar o significado, devemos nos envolver com um pequeno grupo de pessoas que amamos e que nos amam, ou devemos encontrar algo que atraia nosso foco além de nós mesmos para a beleza do mundo ao redor. Um passeio solitário pela floresta é bom para a alma, assim como ir a uma galeria pode oferecer inspiração e uma sensação de expansão mental. A questão é a seguinte: encontre algo que o tire de si mesmo para que seu mundo se torne maior.

3. *Ter a habilidade de escolher uma perspectiva em relação a qualquer conjunto de circunstâncias, incluindo desafios e sofrimento.* Embora eu tenha achado útil cada um dos três elementos da fórmula de Frankl, foi esse último que mais ajudou a me transformar. Essencialmente, Frankl argumenta que não há nenhum evento negativo que aconteça conosco que não possa ser de alguma forma redimido. "Redimido" é palavra minha, não dele, mas acho que é apropriada. Por redimido quero dizer que, como humanos, somos capazes de pegar a mais dolorosa das tragédias e transformá-la em algo significativo. Frankl acreditava que, embora elas devam ser reconhecidas e sofridas, também podem produzir algo benéfico. Isso não significa que sejam boas. Ninguém quer ou deveria ter que experimentar uma tragédia. A ideia é que a partir de suas cinzas podemos criar algo belo, e ao criar algo significativo com a nossa dor começamos o processo de cura das feridas.

Outro perigo da mentalidade de vítima é que ela não nos permite resgatar nossa dor. Aqueles que se veem como vítimas não percebem o benefício da dor. Ainda que ela seja frequentemente insuportável, também cria uma força, ou uma ternura, ou no mínimo uma compreensão mais profunda da verdadeira natureza da vida: ser difícil na maioria das vezes.

Os benefícios da dor não devem ser menosprezados.

Nas histórias, a dor é a única maneira de os heróis se transformarem em versões melhores de si mesmos. Se você escrever uma história sobre um herói que se transformou, mas sem fazê-lo passar por muita dor, o público não acreditará na autenticidade dessa transformação. E o escritor poderá ser acusado de ingenuidade.

Intuitivamente, todos nós reconhecemos que a dor é uma força que nos transforma.

Frankl argumentou que não havia nenhum desafio que uma pessoa pudesse enfrentar no qual não pudesse encontrar uma perspectiva redentora. Essa é uma afirmação ousada. Todavia, nenhum de nós pode chamar esse homem de ingênuo.

Quando solicitado a responder à pergunta sobre o significado da morte que sua família e seus amigos haviam sofrido nas mãos dos nazistas, Frankl respondeu que, embora o que aconteceu fosse puro tormento e devêssemos lutar contra tais atrocidades, as mortes de sua esposa, filho, mãe, pai e milhões de outros serviram a um propósito: provaram ao mundo a existência do mal.

Apesar de não desejar a morte de 6 milhões de judeus, ele não queria que o saldo dessa história terminasse na enormidade do número de vítimas, como muitas vezes acontece com as tragédias. Pretendia que seu conselho fosse como uma proclamação: a morte em massa dos judeus na Europa servindo a um propósito significativo, ou seja, como um aviso ao mundo.

A necessidade de redimir nossa dor não é apenas verdadeira em escala global e épica, mas também em escala pessoal.

Devemos pegar o que nos machucou e moldá-lo em uma força interior, talvez até mesmo como prevenção para que não volte a acontecer.

Para mim, essa ideia é fundamental se quisermos transformar a vítima em herói. Uma vítima chafurda em sua dor enquanto um herói a pega e a transforma em algo útil para si e para os outros.

Obviamente, o que de fato estamos falando quando tratamos da transformação de vítima em herói é da *cura*.

As vítimas se curam formando heróis e heróis se fortalecem transformando-se em guias.

Minha amiga Allison Fallon é uma boa escritora. Temos um pequeno projeto paralelo em andamento. Chama-se *Write Your Story* ["Escreva sua história", em tradução livre]. Nele, ensinamos as pessoas a refletir sobre algo em suas vidas que superaram. Em seguida, pedimos que reflitam sobre quem eram antes do desafio e quem se tornaram por causa do desafio. Depois, ensinamos a escrever essa história em cerca de cinco páginas, de acordo com uma fórmula específica.

Sentar, processar seus próprios desafios e perceber o quanto eles lhe transformaram devia ser um exercício necessário em todas as escolas de nível médio. Quando você se senta e pensa sobre o que tem sido e como seus desafios o tornaram forte, assume uma identidade melhorada. Percebe que é mais forte do que imaginava e também que você é alguém interessante.

Quase todos superaram algo muito difícil e, ao fazê-lo, foi dada a oportunidade de se transformarem. Poucas pessoas, no entanto, realizam plenamente sua transformação porque permanecem presas em sua antiga identidade. Você tem que sentar e perceber tudo o que superou para acreditar em sua força. O vilão dentro de você vai depreciar o herói dentro de você sem nenhuma boa intenção. O processamento de sua própria história cala o vilão.

Parte de meu plano de vida, anos atrás, envolvia a construção, em um terreno amplo o suficiente, de uma moradia para mim e uma "carriage house" — um imóvel anexo no qual as pessoas pudessem se encontrar — e também uma pousada para que as pessoas pudessem vir e descansar. Eu não queria apenas construir uma residência, queria construir um lugar a partir do qual a comunidade pudesse crescer. Compartilhei essa visão com Betsy e entramos na história. Construímos ambas as casas. A pousada ainda está sendo construída, mas será concluída logo após a publicação deste livro. Chamamos o lugar de Goose Hill, nome derivado de nosso cão labrador, Lucy Goose, porque Lucy sempre amou a vida e sempre amou as pessoas. As pessoas me perguntam o tempo todo qual é a minha parte favorita do lugar, e eu sempre lhes digo que são as estantes da "carriage house". Nela, construímos prateleiras do chão ao teto ao longo da parede dos fundos. Após as pessoas escreverem suas histórias, eu as arquivarei em fichários que colocarei nessas prateleiras. Quero que minha filha cresça em um lugar onde seja constantemente lembrada do que uma pessoa pode fazer com sua vida. Se algum de nossos convidados quiser se inspirar, pode simplesmente ir até lá e ler sobre todas as coisas que as pessoas superaram e as belas maneiras como esses desafios as transformaram. Hoje as prateleiras estão vazias, mas, quando convidarmos as pessoas a escrever sobre o que superaram e como esse desafio as transformou, elas serão preenchidas com volumes de encorajamento e de inspiração para qualquer um que queira sentar-se e lê-los.

A dor pode servir a um propósito se assim a endereçarmos. De novo: não temos poder sobre tudo o que acontece no mundo, mas temos poder sobre nossa perspectiva. Podemos optar por nos valer da dor injusta e indevida e fazê-la servir à nossa própria história para nos tornarmos melhores. Para que possamos nos transformar.

Embora Frankl certamente escolhesse as vidas de sua esposa e de seu filho em vez da lição que suas mortes ensinaram ao mundo, não acreditava que eles morreram em vão. Suas vidas, e até mesmo suas mortes, serviram a um propósito.

SIGNIFICADO É ALGO QUE CRIAMOS TODOS OS DIAS

Vítimas e vilões não criam sentido para si mesmos ou para o mundo. Heróis e guias, sim. Construímos vidas com propósito ao afirmar uma ambição, suportar desafios e compartilhar nossas vidas com os outros.

Quando a longa viagem de bicicleta terminou oficialmente, eu sabia que precisava sonhar com outra aventura. Precisava agir, compartilhar essa ação com os outros e aceitar os desafios inevitáveis envolvidos na nova ambição, porque esses desafios estimulariam o crescimento.

Ao chegar de Delaware em casa, senti isso acontecendo. Ficava inquieto no sofá vendo o Tour de France na televisão. Minhas pernas precisavam se mexer e minha mente também. Eu me levantava e pedalava 80km só para me sentir normal. Comia quase 10 mil calorias por dia porque meu metabolismo ainda estava acelerado com a corrida pelo país. Decidi que não podia simplesmente ficar para lá e para cá. A depressão estava se aproximando. Sentia o hálito do vácuo existencial em meu pescoço.

Apenas um mês depois, me vi viajando pelo país apoiando um candidato à presidência. Atuei como cabo eleitoral e me dirigi a grupos de pessoas falando sobre a questão da paternidade e como o candidato, que por acaso era de um partido político diferente daquele ao qual eu pertencia, tinha o melhor projeto.

Atualmente não me identifico como democrata ou republicano e, honestamente, acredito que as duas partes causaram demasiados danos e polarização para compensar o benefício de suas pautas. Entretanto, o candidato que apoiei na época ganhou a Casa Branca. Um ano depois, eu estava em um conselho consultivo presidencial, ajudando a escrever uma extensa consideração sobre os objetivos presidenciais que poderiam dignificar a paternidade em uma cultura que parecia estar lentamente difamando os homens.

Essa é outra história, mas, como se refere à minha tese aqui, não tive nenhuma questão existencial maior após nosso passeio de bicicleta. Evitei o vazio narrativo. Em vez de perder o sentido da narrativa, simplesmente encontrei uma nova história com a trilha da campanha. Encontrei algum significado e até certa emoção ao dormir em aviões, tentando tirar rugas da camisa nos banheiros do aeroporto, dormindo no banco de trás de um carro como um pequeno grupo de amigos e viajando por estados politicamente oscilantes com a nossa mensagem.

Nos anos subsequentes, o presidente implementaria todas as ideias que criamos. O Dia dos Pais na Casa Branca tornou-se um grande evento para mostrar a importância dos pais na vida das crianças. Ele promoveu organizações sem fins lucrativos que trabalhavam para reunir os pais encarcerados com seus filhos, dando-lhes ainda mais motivos para permanecer fora da prisão. O financiamento federal foi alocado para programas de mentoria.

Estava orgulhoso do trabalho que fazíamos, mas não era tudo altruísmo. Também consegui algo do trabalho. Consegui evitar o vácuo existencial que acontece quando deixamos o destino escrever nossas histórias. Consegui evitar falhar completamente.

Enquanto estava na campanha eleitoral, começaram a chegar mensagens de texto de meus amigos que tinham andado de bicicleta por todo o país. O impacto físico em todos nós era hipnotizante. Nossos corpos estavam um caos. E nossas mentes também. Muitos lutavam com a ansiedade e a depressão, e todos desejávamos estar juntos novamente, pedalando do Atlântico de volta para o Pacífico. Todos nós brincávamos de nos encontrar naquela praia e voltar na direção oposta.

O que estava acontecendo, porém, é algo que ocorre com muitos de nós. Uma história tinha terminado e uma nova tinha que começar. Para a maioria de nós, crescer foi uma história divertida. Depois vivemos uma história no colegial, depois na faculdade, depois no casamento, depois nos filhos, e depois, bem, nada. Em algum momento a vida deixou de nos entregar roteiros culturais previamente escritos. Os créditos rolam. E poucas pessoas percebem que têm que criar uma história própria para encontrar tração narrativa. Em algum momento, a vida tira as rodinhas e força você a criar uma história que é melhor do que o tédio inquieto que vem de confiar no destino.

A crise da meia-idade acontece quando os roteiros culturais terminam, mas falhamos em escrever uma nova história para nós mesmos.

A questão é que, quando uma história termina, outra tem que começar. E, se quisermos que a história nos desperte de uma sensação de falta de sentido, ela deve incluir os três elementos que Viktor Frankl estabeleceu como fórmula para o significado.

Se você viver com a intenção que expus neste capítulo, a vida será diferente. Você sentirá como se tivesse um propósito neste mundo.

Passarei o resto deste livro acompanhando você em meio às mudanças de paradigma que realizei e até mesmo lhe mostrando as ferramentas que criei para planejar sua vida e organizar seu tempo, a fim de experimentar o significado.

Após a viagem de bicicleta e a campanha política, formalizei meu plano de vida e a minha página do planner diário. Nos dez anos em que usei a ferramenta, não perdi o senso de propósito. E considero esse senso uma graça salvadora. Você pode acessar HeroOnAMission.com para obter uma impressão digital do Plano de Vida e do Planner Diário do Herói em Missão (HEM) [conteúdo em inglês, pago e de total responsabilidade do autor; não fundamental para compreender a obra]. Minha equipe também transformou o plano de vida e o planner diário em um software online que permite que você experimente as ferramentas no contexto da comunidade [conteúdo em inglês]. Você pode realmente obter atualizações de amigos que cumpriram tarefas importantes e pode ler o plano de vida deles caso o marquem como aberto ao público. O processo tem sido útil para milhares de pessoas, e adoro receber cartas e e-mails das que o acharam transformador.

A divulgação é completa e a impressão do plano de vida é gratuita, mas o software tem uma pequena taxa associada que é usada para empregar nossos desenvolvedores, mantê-lo atualizado e fazer melhorias. Ainda assim, o processo inteiro está neste livro. Se terminar de lê-lo, você compreenderá plenamente como criar uma vida de sentido.

NOSSAS HISTÓRIAS PODEM PROVAR QUE A VIDA TEM SENTIDO

A vida tem sentido? Acredito que sim. Você tem que admitir que há momentos em que a beleza absurda da experiência humana lhe dá uma pausa. O que um céu pode fazer com um pôr do sol e um compositor com um violão! Para mim, nosso bebê se mexendo na barriga de Betsy e o jardim que mantemos no quintal. Um bom poema. Uma boa refeição. Sim, a vida é desafiadora e tem elementos trágicos, mas também é bela e significativa. E é significativa porque nós a tornamos assim.

Viktor Frankl dizia que não é nosso direito questionar se a vida tem sentido ou não, mas é a vida que nos questiona: você vai dar sentido à sua vida ou sofrer o vazio existencial?

Outro dia, uma amiga teóloga veio à cidade e nós demos um passeio. Conheço Julie há muito tempo, desde que éramos crianças. Adoro quando temos a oportunidade de matar a saudade. Quando eu era solteiro, ela e seu marido me convidaram para uma peregrinação da igreja ortodoxa grega pelo norte da Inglaterra. O tempo que não passamos sentados nos sermões, passamos bebendo chá e extraindo os problemas da alma, tentando descobrir se havia um pouco de teologia que levasse à plenitude ou, mais importante, porque a última parte da revelação teológica a que tínhamos chegado não tinha produzido uma sensação de plenitude.

Dessa vez, no entanto, a conversa foi diferente. Há quase dez anos não dava um passeio com Julie. Enquanto falávamos sobre o estado da igreja e o estado de nossa cultura, eu me encontrava menos interessado em explorar as profundezas da filosofia ou da teologia para obter respostas. Cheguei a enviar uma mensagem de texto para Julie mais tarde para dizer que algo havia mudado no que eu queria na vida. Não queria mais respostas. Em vez disso, aceitei a vida em seus termos, com todas as suas perguntas sem resposta e ainda quis aproveitar o convite para experimentar o significado. Isso não quer dizer que eu não tenha crenças. Eu me considero uma pessoa espiritual e rezo diariamente. Mas realmente não quero mais respostas. A busca por respostas definitivas tem levado a conversas tensas e às vezes fúteis. Prefiro ser grato a saber tudo. Julie mandou uma mensagem de volta dizendo que tinha tido algumas das mesmas revelações. Ela disse que estávamos em lugares parecidos. Julie é uma teóloga renomada. Estuda, com certeza. Creio que ela quis dizer, sobre estarmos em lugares parecidos, que hoje estuda mais por curiosidade e desejo de um relacionamento com Deus do que para alimentar um desejo insaciável por respostas e certezas.

Enquanto crescia, costumava cantar junto com Bono quando ele clamava ainda não ter encontrado o que procurava. Continuo cantando com Bono, mas agora parece diferente. Também ainda não encontrei o que procuro, mas descobri um profundo senso de propósito e agora estou desinteressado em buscar qualquer outra coisa. Estou realizado, mesmo incógnito. Não quero viver a vida à procura de algo que não tenho. Quero me interessar cada vez mais pelas oportunidades que me foram dadas.

Em suma, estou agradavelmente abstraído pelo significado.

Então, como vivemos uma vida com significado? De novo: primeiro definimos uma ambição. Escolhemos algo que queremos trazer ao mundo, ou nos juntamos a uma comunidade ou movimento que está trazendo algo para o mundo. Segundo: compartilhamos nossa experiência com os outros, e nos permitimos nos interessar pelas pessoas e pela beleza que existe fora de nós mesmos. E terceiro: aceitamos desafios e até mesmo tragédias como um fato. É claro que tentamos evitá-las, mas não chafurdamos na autopiedade quando elas ocorrem. Desafios são dolorosos, mas podem servir a um propósito se assim permitirmos.

Passei a considerar esse estilo de vida para viver como um herói em missão.

Temo, mesmo quando digito essa frase e a uso como título para este livro, que ela soe arrogante, como se de alguma forma aqueles que vivem dessa maneira fossem heróis e os outros, não. Mas é preciso repetir: heróis não são criaturas perfeitas. Muitas vezes, na verdade, são fracos, relutam em agir, têm medo e precisam desesperadamente de ajuda.

A única característica que os distingue é que estão dispostos a aceitar um desafio que os transformará no final. Heróis agem, e é por isso que são tão bons em vivenciar o significado.

Cada herói em cada história que você já amou queria algo específico e estava disposto a sacrificar-se para consegui-lo. Cada herói em cada história que você já amou experimentou dor e contratempos, mas encontrou uma perspectiva que lhe permitia continuar. E todos os heróis em todas as histórias que você amou queriam servir a um propósito maior do que eles mesmos.

E, por se envolverem em uma história, experimentaram uma transformação. No fim, eram uma pessoa melhor do que no início.

Tenho experimentado transformações e espero que uma transformação contínua continue a definir minha vida. Em meio aos falsos começos, ao medo, e à necessidade de ajuda, sei que se uma pessoa continuar se transformando em histórias novas e emocionantes mudará para melhor.

Pessoas saudáveis crescem. Pessoas saudáveis se transformam.

4

Quais Elementos São Necessários para uma Pessoa se Transformar?

V OCÊ JÁ SE ENCONTROU com um amigo de muitos anos e, depois de conversar, percebeu que ele não tinha mudado em nada? Com isso quero dizer que ele conta as mesmas piadas, revive as mesmas histórias e sofre dos mesmos problemas.

A razão pela qual é estranho encontrar uma pessoa que não mudou é porque os seres humanos são projetados para mudar, e isso não acontecer indica que algo está errado.

Como um escritor de memórias, fiz muitas reflexões. Escrevi sobre meus medos, minhas inseguranças e até mesmo meus fracassos. Foram seis ou sete livros com essa mesma voz, esperando contar minhas mudanças. Confesso que às vezes é embaraçoso pensar em tudo o que escrevi sobre o passado. Não tenho nenhum exemplar de meus próprios livros em casa. Ou pelo menos não tenho nada que eu saiba. Para mim, ontem é ontem e prefiro viver para o hoje e o amanhã. Independentemente disso, a razão pela qual não volto atrás e leio minhas coisas antigas é porque me encontro quase irreconhecível. Ainda concordo com a maioria das ideias, mas acho aborrecidas as lamúrias e as reclamações que fazia em meus livros antigos. Isso não é uma confissão de vergonha. Estou orgulhoso da criança que escreveu aqueles livros, mas também estou orgulhoso de que aquele garoto tenha ficado melhor.

Nos últimos dez anos, fiz uma transição e passei a escrever livros de negócios. Escrevo com mais autoridade porque acredito em mim mesmo mais do que antes. Ocasionalmente, alguém comenta que sente falta do velho Don. Mas, sinceramente, não sinto falta do velho eu. Ele era mais taciturno, solitário, amargo e terrível em relacionamentos.

Do meu ponto de vista, fiquei mais saudável. As pessoas saudáveis adquirem disciplina e aprendem com seus erros. Essas são as qualidades que levam à mudança. Não posso escrever livros como costumava fazer porque não sou a mesma pessoa que costumava ser.

Às vezes as pessoas não querem que você mude porque é necessário muito trabalho mental para recategorizá-lo em seu cérebro. Elas querem que você permaneça mudo, lento e seguro. O velho você não era uma ameaça no construto social deles. Mas acho que coisas saudáveis mudam e coisas insalubres permanecem as mesmas. Digo: vá em frente, transforme-se e deixe os outros se acostumarem. Não vai demorar muito para que o apreciem por quem você se tornou e lhe deem um espaço novo e mais respeitado em sua mente.

Gosto do que as histórias que vivi me fizeram. Não sou perfeito, mas sou muito melhor do que era. Afinal de contas, se a terapia não funciona, por que diabos estamos pagando tanto por ela? A terapia funcionou muito bem para mim, assim como a autorreflexão necessária para escrever todos aqueles livros. Agora sou diferente. Prefiro essa versão de Don à anterior todos os dias. Ele está mais feliz.

Então, por que algumas pessoas mudam enquanto outras permanecem iguais? Por que algumas pessoas ficam presas e outras se libertam?

VIVER UMA HISTÓRIA É A ÚNICA MANEIRA DE SE TRANSFORMAR

A maioria das histórias que amamos são sobre personagens que se transformam. O herói geralmente começa sua jornada como um participante relutante, ainda não pronto para agir. Mas, quando Gandalf conta a Bilbo sobre o anel, ou quando Katniss substitui sua irmã nos Jogos Vorazes, eles são forçados a entrar na história por meio de um incidente motivador. Tais incidentes existem nas histórias porque existem na vida. Algo — ou, mais precisamente, uma série de coisas — acontece conosco. Somos obrigados a agir. Saímos de casa, nos apaixonamos, ou ficamos com o coração partido. Nossa casa incendeia. Nosso carro não pega. Ganhamos na loteria. Perdemos tudo em um investimento ruim. Esses incidentes nos oferecem um desafio, e é aceitando esses desafios que nos transformamos. É por intermédio desses desafios que uma evolução positiva começa a acontecer. Eles nos permitem nos provar a nós mesmos e ao mundo.

Quando algo difícil acontece, as vítimas aceitam a derrota, mas os heróis perguntam: "O que torna isso possível?"

Mostre-me uma pessoa bem-sucedida nos negócios e lhe mostrarei alguém que aprendeu com seus fracassos. Mostre-me um homem que seja grato por sua esposa e lhe mostrarei um homem que teve seu coração partido algumas vezes.

Nossa dor e nossos desafios nos moldam em versões melhores de nós mesmos. Com certeza, o golpe do cinzel dói. Mas o resultado, se o permitirmos, é um personagem esculpido competente para criar um mundo melhor para si e para os outros.

O HERÓI DEVE QUERER ALGO

No entanto, uma história não precisa de um incidente motivador para começar. Tudo que se precisa é um pouco de curiosidade. Um herói começa a se perguntar como seria realizar X ou construir Y.

Acho que uma das razões pelas quais as pessoas não mudam é porque não deixam o município onde vivem.

Muitos de nós deixaram de querer coisas em nossas vidas. Matamos nosso desejo. Quando algo não funcionava, erroneamente acreditávamos que nada mais funcionaria. E talvez tenhamos chegado a acreditar que, não querendo nada, poderíamos minimizar todos os riscos de fracasso. Não querer algo, afinal, é uma forma de autoproteção. Em vez de tentar, preferimos a segurança.

Creio ser essa uma triste realidade para muitos. Uma história tem que ser sobre um personagem que quer algo. Em algum momento de um filme, o público deve saber o que o herói quer. Ela quer derrubar o regime, ele quer ganhar o torneio, ela quer reconstruir a casa que perdeu na enchente. O herói deve deixar sua vida confortável e buscar algo arriscado. O herói tem que querer algo e deve tomar medidas para consegui-lo. Caso contrário, a história não ganha tração narrativa.

48

HERÓI EM MISSÃO

Isso traz outra característica que leva à transformação: o herói deve querer algo *específico*.

Uma história sobre uma pessoa que deseja realizar-se soa entediante por uma razão. De que se trata essa história mesmo? Todos nós a queremos. O que há de tão especial nesse cara e que tipo de realização ele procura?

Estabelecer algo indescritível para seguir nos levará de volta ao vácuo existencial. Se quisermos ser felizes, deixar por conta da vida nunca funcionará. É necessário querer algo que nos faça felizes e que precisa ser definido especificamente para colocar uma pergunta sobre a história em nossa mente. Seremos capazes de correr a maratona nesta primavera? Iniciaremos essa empresa de rafting? Vamos vender a casa e comprar uma fazenda?

Um contador de histórias deve definir uma coisa exata que o herói deseja: ganhar o torneio de karatê; salvar a empresa do pai; casar-se com sua amada.

Uma vez que o herói define o que quer, a história começa. E por que a história começa? Porque, de novo: quando ele o define, uma pergunta sobre a história é apresentada. O público — e, claro, o herói — está envolvido por uma única pergunta relevante: será que o herói conseguirá o que deseja?

Quando o público não pode determinar o que um herói quer, ou quando o que o herói quer é muito indefinido para que o público entenda, o espectador perde o interesse e fica entediado.

Esse é outro aviso para aqueles de nós que desejam contornar o vazio narrativo. Se você não quer nada, não está vivendo dentro de uma narrativa convincente. Quando não queremos nada ou, talvez, quando não podemos definir exatamente o que queremos, nos tornamos personagens de uma história sem trama.

Não vamos fingir que não querer algo traz uma espécie de tranquilidade. Não querer nada pode ser emocionalmente desgastante. Imagine sentar-se no teatro de sua própria mente e não saber o que você quer, ter que assistir a uma história confusa dia após dia sobre um personagem confuso que flutua aqui e ali como um galho na água.

Quando não queremos nada, não só perdemos o interesse em nossas próprias vidas, mas também fazemos com que outros percam o interesse em nós. Nunca li uma história sobre uma princesa que sonha em conhecer um jovem bonito que monta em um cavalo branco e diz a ela que não quer nada.

Meu palpite é que ela prefere se casar com o cavalo.

Como Frankl disse, devemos ter um projeto no qual estamos dispostos a agir. E, quando ele for realizado, devemos ter outro. E depois outro. É querendo algo que entramos na vida e nos envolvemos nos desafios que ela nos traz. E é por meio do envolvimento nesses desafios que nos transformamos.

O que nós queremos não importa. Não encontramos sentido no querer; encontramos sentido na busca daquilo que queremos.

Contanto que aquilo que desejamos seja bom para nós e para o mundo, teremos ao menos um elemento necessário para experimentar um profundo senso de propósito. Se queremos ganhar um concurso de dança ou compor uma sinfonia, abrir um negócio ou construir uma família, é o que queremos trazer ao mundo que nos convida à própria vida.

Então, o que faremos se não quisermos nada? Já conheci muitas pessoas que têm esse problema. Mas depois começo a lhes perguntar do que gostam. Gostam de música, de jardinagem. Amam suas famílias. A verdade é que desejam muitas coisas, mas simplesmente não se deram a oportunidade de colocar em palavras uma visão convincente da vida que estão levando.

Você gosta de música, jardinagem e família? Comece uma banda familiar e cante sobre hortaliças em um mercado de agricultores locais. Essa é uma história interessante. Não vou comprar o disco, mas aplaudo a todos da mesma forma.

A questão é a seguinte: não fique preso tentando escolher a ambição certa. Pensar o que seria a coisa certa a fazer é o mesmo que ter um locus de controle externo. A resposta não está lá fora. Está em você. E não há uma única resposta. Há um milhão delas. A única resposta errada é não querer nada. A certa é mirar um ponto específico no horizonte e começar a caminhar.

UM HERÓI DEVE ENFRENTAR SEUS DESAFIOS

Mais duas razões pelas quais as pessoas não se transformam: ou evitam desafios ou não aprendem com eles.

No entanto, de novo: o conflito é a única maneira de mudarmos. Sem dor, não pode haver transformação.

Em suas palestras, Viktor Frankl fazia uma pergunta como esta a seu público: se você olhar para as épocas mais difíceis de sua vida, escolheria apagá-las se pudesse? Agora que você passou por elas, não gostaria de tê-las vivido?

Para a maioria, a resposta a essa pergunta foi não, eles não iriam querer apagar as épocas difíceis de suas memórias. Não teriam desejado que as ocasiões dolorosas fossem eliminadas. Claro, nem sempre é o caso. A perda de uma criança. Ter tomado uma decisão que quebrou a confiança de alguém. Há momentos em que desejamos poder voltar atrás no tempo. Porém, mesmo nesses casos, houve um crescimento pessoal em nossa dor. Quando você decidiu ser desleal, aprendeu sobre suas próprias limitações, e isso o humilhou. Quando cometeu o erro, aprendeu sobre sua própria falibilidade e desenvolveu a força de caráter necessária para viver de forma diferente.

A única razão do sucesso de minha empresa hoje é devido às perdas que experimentei no início de meus negócios. Depois que me tornei um autor best-seller, perdi cada centavo das minhas economias em um investimento de curto prazo. Tinha acabado de vender minha casa, na qual havia colocado as economias de minha vida. Investi todo o dinheiro em um empreendimento e acordei numa segunda-feira de manhã para descobrir que ele tinha desaparecido. Chorei até dormir por ao menos uma semana. Nunca pensei que voltaria a ver tanto dinheiro. Tinha estragado tudo.

Contudo, naquela época difícil aprendi mais sobre como ganhar e administrar dinheiro do que poderia ter aprendido em uma década em Harvard. A dor fez com que eu começasse a prestar atenção. E, porque comecei a prestar atenção, desenvolvi um negócio de sucesso. Agora, todos os anos, Betsy e eu doamos para caridade no mínimo a mesma quantia de dinheiro que perdi naquela manhã de segunda-feira.

Não foram apenas os problemas com dinheiro que me ajudaram a ficar mais forte. Lembro-me de quando era muito mais jovem e estava em um voo de Chicago a Portland. Eu estava tão grande que tive que pedir uma extensão para o cinto de segurança. A pessoa a meu lado resmungava cada vez que se mexia, avisando-me que não gostava que eu estivesse tomando parte de seu assento.

Fiquei ali sentindo pena de mim mesmo, mas essa pena nunca se transformou em ambição ou ação. Em vez disso, acreditava que, se sentisse pena de mim mesmo, se eu fosse um saco triste de DNA em decomposição, então, de alguma forma, de alguma maneira, Deus sentiria pena de mim e meus problemas simplesmente desapareceriam.

Viver sob o peso de toda essa dor não me transformava. Ano após ano, continuava o mesmo. De novo: nas histórias, as vítimas não se transformam. Elas são, no final, os mesmos personagens que eram no início. Nas histórias, desempenham um pequeno papel: fazem o herói parecer bom e o vilão parecer mau. Mas elas não mudam. Não se tornam mais fortes. Seus problemas não desaparecem assim, sem mais nem menos.

O que eu não percebia antes é que a dor não está lá para nos esmagar. Ela está lá para nos convidar a nos tornar mais fortes.

Foi só quando recebi ajuda que comecei a escalar a montanha sob a qual me detive por tanto tempo e fiz a transição da mentalidade de vítima para a mentalidade de herói. Comecei a me exercitar. Comecei a comer muito melhor. Comecei a perder peso lentamente. Comecei a mudar. Parte do motivo pelo qual comecei a mudar foi porque entrei em histórias que exigiam que eu perdesse peso. Uma história de emagrecimento é uma coisa, mas uma história de andar de bicicleta pelo país exige entrar em forma. Quando uma história exige transformação, é muito mais provável que você se transforme.

Viktor Frankl chegou a raciocinar que a dor fazia parte da vida por natureza, que o sofrimento era a forma da vida nos questionar e até mesmo nos fazer evoluir.

Mas o que fazer com uma injustiça? Não deixar que ela nos domine. Em vez disso, a convertemos; usamos essa má intenção para nos transformar em versões melhores de nós mesmos. De novo: a tentação de manifestar a energia da vítima é o que devemos evitar.

Em certa ocasião, um amigo me disse: "Você fica amargo, ou você fica melhor."

E se a vida não for projetada para ser um passeio alegre? E se não estivermos aqui para nos divertir? E se, em lugar disso, a vida fosse um nobre dever?

Se começarmos nosso dia acreditando que a vida deve ser fácil, certamente teremos um dia terrível. A vida não é fácil, nem deveria ser.

A vida muitas vezes é divertida e interessante, mas não é esse o objetivo dela. O objetivo da vida é viver uma grande história e experimentar um grande significado, e isso muitas vezes implica em desafios envolventes.

Temos a responsabilidade de enfrentar este mundo com coragem. Em muitos aspectos, enfrentar a vida com coragem é nosso dever. E, ao assumir esse dever, encontramos realização e significado.

O poema de Rabindranath Tagore diz isso melhor:

Adormeci e sonhei

que a vida era alegria.

Acordei e vi

que a vida era serviço.

Servi — e vi,

que o serviço era uma alegria.

UM HERÓI APRENDE COM SEUS ERROS E SEUS INFORTÚNIOS

Todos nós já conhecemos outro tipo de pessoa, alguém que comete os mesmos erros repetidamente. Eles entram em uma comunidade e fazem bons amigos; depois, fazem algo como pedir dinheiro emprestado a esses amigos e não conseguem pagar. Quando são confrontados, se fazem de vítimas em vez de prestar contas de suas ações. Não aceitam a responsabilidade. A comunidade fica frustrada; as pessoas sabem que estão sendo usadas. Então, pessoas assim deixam uma comunidade e entram em outra apenas para pedir mais dinheiro emprestado, deixar de pagá-lo e queimar outra ponte.

Como pode uma pessoa cometer os mesmos erros repetidamente e não aprender?

Para mim, aprender com meus erros começa por desligar o ego e estar disposto a admitir que realmente cometo erros. Minhas ideias podem estar erradas. Minha atitude pode ser tóxica. O problema em meu mundo pode muito bem ser eu.

Até que estejamos dispostos a admitir que cometemos erros, nunca aprenderemos com eles.

Ainda assim, fico confuso ao ver que algumas pessoas não conseguem admitir a culpa. É como se sua segurança estivesse ameaçada se elas admitissem que fizeram algo errado. Independentemente disso, essas pessoas não são problema nosso. Elas terão que lidar com as consequências de seus próprios egos e continuar se mudando para novas comunidades a fim de começar de novo.

Para o resto de nós, o fracasso é um fator educativo. Os erros são educativos. Atitudes erradas podem até ser educativas.

Quando vemos os erros como um currículo e não como um julgamento, a velocidade na qual nos transformamos aumenta. O fracasso, a dor, os erros e até mesmo as injustiças dirigidas contra nós oferecem uma vantagem — se o permitirmos.

Então, como um herói se transforma? Ele define uma ambição específica para sua vida, enfrenta desafios em vez de evitá-los e aprende com seus erros e seus infortúnios.

TRANSFORMAÇÃO É O CAMINHO NATURAL

A transformação é natural. Nenhum de nós parece o mesmo de quando éramos bebês e, quando formos velhos, seremos muito diferentes do que quando estávamos na meia-idade.

Coisas que são saudáveis e vivas mudam. O inverso também é verdadeiro: as coisas que estão mortas não mudam. Uma rocha não muda porque uma rocha não está viva.

A mudança é causada por querermos algo e estarmos dispostos a enfrentar os desafios de alcançar o que queremos.

Antes de querermos algo, porém, talvez tenhamos que lidar com outro problema: pode haver uma parte de nós que acredita que não devemos querer absolutamente nada.

Há pessoas que não sonham com um futuro mais brilhante para si e para os outros.

Há pessoas que acreditam não merecer nada nesta vida. E, pior, há pessoas que não querem nada porque não querem se destacar. Para elas, sobrevivência significa se misturar.

Mas não querer nada, em minha opinião, é não querer participar da história da vida. É o mesmo que não aceitar um presente de Deus.

A fim de criar nosso plano de vida e fazer uso do planner diário que lhes mostrarei mais à frente, teremos que decidir se queremos algo.

Sempre que escrevo uma história, começo com um personagem. Imagino esse personagem e depois me faço uma única pergunta que vai determinar para onde a história vai: o que o herói quer?

Essa é uma das minhas perguntas favoritas para fazer a um novo conhecido. Após o natural quebra-gelo, quando a conversa fica mais séria, adoro perguntar: "O que você está tentando construir? O que está trazendo para o mundo que não estava lá antes?"

Caso ele tenha uma boa resposta a essa pergunta, e às vezes tem, sei que estou na presença de um herói em missão.

5

Um Herói Sabe o Que Quer

AIS ADIANTE NESTE LIVRO o ajudarei a criar seu plano de vida. Para criar esse plano, porém, você terá que definir algum tipo de ambição para sua vida. Terá que desejar algo.

Em uma história, um herói quer algo. Ele quer ganhar o campeonato ou desarmar uma bomba. Quer matar o dragão ou vencer o concurso de soletrar.

Se um herói não quer algo, a história não começa. A razão pela qual gostamos de histórias, na verdade, é porque elas apresentam um elemento central interessante o suficiente para prender nossa atenção por algumas horas ou por algumas centenas de páginas.

Sem ter certeza do que queremos na vida, também não há algo que esteja em questão na história de nossas vidas, algo que requer uma resposta. E, na falta de um motivo que nos convide a agir, perdemos o interesse em nossas próprias vidas.

A tração narrativa acontece quando nos interessamos por uma história a ponto de ver o que acontece. A maioria das pessoas não tem tração narrativa em suas próprias vidas. Acham suas vidas chatas e desinteressantes, então percorrem o Instagram sentindo ciúmes daqueles que parecem viver uma vida cativante.

Mas, quando você está interessado em sua própria história, as dos outros não são tão ameaçadoras. Eles conseguem viver vidas interessantes e você também.

De novo: a fim de experimentar a tração narrativa em nossas vidas, temos que querer algo. Ou algumas coisas. Quando queremos algo, temos um motivo para sair da cama e enfrentar os desafios que se interpõem entre ele e nós. E, é claro, são esses desafios que nos transformam.

Se você pensar nisso, toda ação é motivada pela abertura e pelo fechamento de ciclos de história. Eu queria namorar a Betsy, então me arrisquei e a convidei para sair. Eu queria escrever este livro, então me arrisquei e escrevi uma frase e depois outra.

As questões levantadas por minhas ambições criaram uma espécie de tração narrativa que me manteve interessado em minha própria vida. Será essa a mulher com quem vou construir uma família? Será que este livro será bom?

Se não queremos nada, então não podemos começar a história e corremos o risco de perder o interesse em nossas próprias vidas.

Para alguns, querer algo específico na vida pode ser problemático.

Há pessoas que acham difícil querer as coisas. Talvez tenham crescido sendo ensinadas que os recursos são escassos e que se querem algo na vida estão, por definição, tomando algo de outra pessoa.

Outros, quem sabe, foram criados por seus pais para desejar certas coisas, talvez um trabalho bem remunerado ou uma devoção religiosa severa. Mas ao ficarem mais velhos descobrem que não queriam isso de forma nenhuma. Agora estão confusos sobre o que deveriam querer.

Outros ainda querem tantas coisas e têm tantas opções que se sentem paralisados pela ideia de fazer uma escolha.

É verdade que um herói deve querer algo para que uma história comece, mas também é verdade que ninguém tem a responsabilidade ética de querer algo. Somos livres para viver da maneira que desejarmos.

Dito isso, se um herói não quer nada, sua história não pode envolver um público. Também acredito que, se uma pessoa não quer nada, será difícil para ela manter um interesse em sua própria vida e também será difícil experimentar um significado.

E, embora experimentar um significado não seja, de maneira nenhuma, uma obrigação moral, é certamente uma boa maneira de viver. Ficar ao léu, de papo para o ar, não é uma coisa muito interessante a fazer com nossas vidas. Essa história nos entedia e nos deixa inquietos muito rapidamente.

UM HERÓI NÃO TEM VERGONHA DE QUERER ALGO

O raciocínio de uma pessoa para não querer nada na vida pode ser assim: *quando as pessoas querem coisas, isso arruína o ambiente e leva a assassinatos, roubos e fraudes. Eu não quero ser uma dessas pessoas, então não quero nada.*

No entanto, não querer nada porque algumas pessoas querem coisas doentias não é uma resposta suficiente, nem lida com os problemas do mundo. Não vamos fingir que não querer nada é de alguma forma nobre. Saber que há pessoas famintas no mundo e "não querer" ajudá-las é o enredo de uma história terrível. Há muitas razões nobres e até morais para querer algo nesta vida. Todo o avanço humano aconteceu porque uma pessoa ou um grupo de pessoas queria algo.

Li uma vez um livro de um homem que adotou uma versão distorcida do Budismo, afirmando que todos os nossos problemas de executivos ambiciosos desapareceriam se anulássemos todos os nossos desejos e simplesmente parássemos de querer coisas. Bem, consideremos essa perspectiva.

As palavras que você lê existem porque séculos atrás as pessoas queriam se conectar umas com as outras por meio da palavra escrita. Nossas escolas existem porque as pessoas queriam aprender. Nossa economia existe porque as pessoas queriam oportunidades. A roda existe porque as pessoas queriam tornar o trabalho mais fácil. As estradas existem porque as pessoas queriam viajar. Os tribunais existem porque as pessoas queriam justiça. As casas existem porque as pessoas queriam abrigo.

A única razão pela qual aquele homem foi capaz de escrever um livro dizendo às pessoas para não querer nada é porque foi impresso usando palavras que foram lidas por pessoas que tinham aprendido a ler, publicadas por uma empresa, vendidas em troca de dinheiro, transportadas por caminhões que tinham rodas em estradas que tinham sido construídas por pessoas que queriam viajar. Mesmo os direitos autorais desse homem, que lhe permitem receber legalmente royalties e comprar uma casa, foram defendidos pelos tribunais criados por pessoas que ansiavam por justiça.

Querer criar algo novo no mundo não é ruim. Querer coisas ruins é ruim.

UM HERÓI QUER ALGO MUTUAMENTE BENÉFICO

Nenhum de nós tem motivos inteiramente puros.

Gostamos de pensar que a vida é clara, que as pessoas são boas ou são más. Essa é mais uma razão pela qual algumas pessoas têm dificuldade de querer alguma coisa. Elas sentem que alguns de seus motivos não são totalmente altruístas, por isso eliminam suas ambições.

Na realidade, porém, o progresso é feito quando o que queremos é mutuamente benéfico para nós mesmos e para os outros. Se formos honestos sobre quase todas as "obras de caridade" que fazemos, admitiremos que temos um pouco de prazer em ser uma pessoa caridosa. Não acredito que haja algo de errado com isso.

A razão pela qual comecei uma empresa de coaching empresarial foi para ajudar as pequenas empresas a aprender como crescer. E também porque cresci pobre e me sinto inseguro sobre minha autoestima. Trabalho duro para não ser pobre. Isso é nobre? Eu me dou nota 7 em nobreza. Independentemente disso, se não estivesse motivado por minha insegurança de ter crescido pobre, não estaria tão motivado para abrir uma empresa, e milhares de pequenas empresas não teriam a ajuda de que precisam.

Motivos diversos me impulsionaram. Se for honesto consigo mesmo, admitirá que ocorre a mesma coisa com você.

Aqui está uma frase complicada: eu amo minha esposa incondicionalmente porque a acho bonita e porque ela me ama também; portanto, não amo minha esposa incondicionalmente.

Acho que aqueles de nós que acreditam que nossos motivos são inteiramente puros são um pouco delirantes.

Assim, este é o ponto onde escrever histórias e viver histórias diferem: nas histórias, os personagens muitas vezes precisam ser claros como cristal — todos os vilões, todas as vítimas, todos os heróis ou todos os guias. Mas você e eu nunca, jamais, de modo algum, nos comportaremos com tal pureza. Sempre haverá alguma vítima e algum vilão fluindo por nossas veias. Você nunca será tão altruísta quanto deseja ser.

A verdade é que, enquanto você está motivado a servir aos outros, você também está motivado a servir a si mesmo.

É por isso que, quando se trata de descobrir que tipo de história queremos viver, devemos procurar algo que seja mutuamente benéfico.

Se parece que estou dizendo para viver uma vida de motivos variados, é isso mesmo. Você me lê corretamente. Não acredito que você terá motivos inteiramente puros. Se diz que tem, não acredito em você e não acredito que você seja autoconsciente. Perdoe meu julgamento, apenas acho que Deus vive no céu e que nós, meros mortais, somos criaturas caídas. E acho que é hora de aceitarmos que não somos perfeitos.

Muitas pessoas não tomarão nenhuma medida porque não querem perseguir nada que pareça egoísta ou ganancioso. Entendo isso. Nosso egoísmo deve ser mantido sob controle. Mas não se esqueça, se você tem motivos variados para alimentar os famintos, esses ainda querem comer e eu não acho que eles realmente se importem com seus motivos.

Se você prestar muita atenção às histórias, verá que os heróis são incrivelmente falhos. Geralmente têm desejos primitivos e fazem coisas egoístas. Nem sempre são corajosos e nem sempre ajudam as pessoas ao redor. E, ainda assim, eles tentam. Lutam com seus desejos básicos para se tornarem melhores. É por isso que nos apaixonamos por eles.

UM HERÓI QUER COMPARTILHAR

Na verdade, se um herói se sai tão perfeito, começamos a pensar nele como presunçoso. Não tendemos a gostar de personagens que se consideram "melhores que nós".

Há um ponto ideal, no entanto: um personagem que inspira empatia e, ao mesmo tempo, é altruísta. Quer algo para si mesmo, mas não quer acumular o que adquirir. Ele quer compartilhar.

A verdade é que estou mais motivado a aceitar desafios e a fazer coisas difíceis se o projeto me beneficiar e também beneficiar outra pessoa, de preferência alguém de quem eu goste.

Se faço as coisas somente para mim, parece muito egoísta. Se for só para os outros, começo a me sentir um pouco ávido por recompensa pessoal. Mas, se faço coisas mutuamente benéficas, entro no ritmo.

Para poder agir conforme essa aspiração e identificar algo que desejamos, precisamos estar atentos aos nossos impulsos mais íntimos. Uma vez que encontramos esse algo, seja ele o que for — alguma coisa que sempre quisemos provar, ou alguma experiência que sempre quisemos ter, ou alguma forma de autoexpressão que sempre quisemos criar — é preciso descobrir como podemos incorporar generosidade à mistura de maneira que nossa história de vida não se desvirtue.

Motivos variados. Confie em mim, tornar-se amigo de seus motivos variados é uma coisa boa. Perceba que seus motivos menores o farão ir em frente e os mais elevados farão com que a experiência seja benéfica para os outros.

Em regra, um herói não precisa ser perfeito; ele apenas tem que se transformar consistentemente em uma versão melhor de si mesmo.

Meu filme favorito é *A Felicidade Não Se Compra*, a história de George Bailey, que, guiado em sua pequena cidade por um anjo, vê como seria o mundo se ele nunca tivesse nascido. E acontece que um mundo sem George Bailey é sombrio. Sua esposa nunca encontra o amor, seus filhos não existem e o povo de Bedford Falls não pode adquirir uma boa moradia porque seu banco nunca lhes emprestou dinheiro.

Todos nós já vimos o filme. Mas da próxima vez que o assistir, observe como George é gentil e também rude. Repare como ele é calmo, mas também como fica frustrado com as crianças, com os vizinhos e com o pilar que fica soltando do corrimão da escada. Perde a paciência com seus filhos. Grita com sua esposa. Desdenha de um colega de trabalho. Em outras palavras, observe como ele é normal, como seus motivos são misturados e o quanto você o ama, mesmo ele sendo um humano.

A vida de George Bailey não foi tão impactante por ele ser perfeito, mas porque era um homem imperfeito tentando trazer algo de bom para o mundo.

Não pense que você tem que se transformar antes de viver uma grande história. Viva uma grande história e a própria história irá transformá-lo.

UM HERÓI ESTÁ LIGADO AOS SEUS DESEJOS PRIMITIVOS

Na determinação do que nos motiva, entrar em contato com alguns impulsos primitivos pode ajudar. Há algo que estamos tentando provar para nós mesmos e para o mundo? Há algo que nos agrada ou que nos traz prazer? Como queremos ser percebidos pelos outros?

Essas perguntas soam intensamente egoístas. Mas estou assumindo aqui um risco ao ser honesto com você. Quase todas as grandes conquistas no mundo aconteceram porque alguém tinha motivos variados para fazer a coisa certa.

Quando falo de desejos primitivos, refiro-me a ser financeiramente independente. Ou se tornar conhecido. Ganhar um prêmio. Experimentar a paixão. Parecer forte. Ser percebido como bonito ou sexy.

Para ser radicalmente sincero, uma das razões pelas quais tenho tido sucesso nos negócios é porque guardo um profundo ressentimento. Não tenho orgulho disso, mas ainda há uma parte de mim que se sente envergonhada por ter ficado na fila com minha família para receber o benefício do governo. Ainda sou aquele garoto que anseia que as crianças ricas da escola o aceitem como um deles.

Talvez seja uma triste motivação para ganhar dinheiro, mas essa é uma das maiores motivações que alimentaram minha ética de trabalho. Eu queria ser visto como importante.

Dito isso, a que esse desejo primitivo levou? Levou à construção de uma empresa que criou muitos empregos. Levou ao sustento de uma família. Levou a uma companhia que ensina outros empresários a expandir suas próprias empresas. Em resumo, levou a uma vida fantástica para mim e para outros. E, de uma maneira muito estranha, o desejo primitivo ajudou a me curar. Meu sucesso nos negócios me auxiliou a me provar a mim mesmo e aos outros. O sucesso permitiu que eu começasse a curar a ferida dentro de mim. Foi bom provar para mim mesmo que estava disposto a trabalhar arduamente. E, mais do que isso, experimentar um pouco de sucesso me ajudou a perceber quão superficiais eram meus desejos de ser rico de fato. Isso me ensinou que o sucesso superficial tem uma capacidade limitada de proporcionar realização. Somente após ter me provado a mim mesmo comecei a investir mais profundamente nos relacionamentos e em ajudar os outros.

A vida não é uma jornada para fingir perfeição. Trata-se de nos tornarmos versões melhores de nós mesmos.

As pessoas que não são honestas sobre as nuances de seus motivos são movidas pelo desejo mais falso de todos: elas querem acreditar que são perfeitas. Na verdade, querem acreditar que são melhores do que você. E não há nada de altruísta nisso.

Uma vez que decidimos uma direção ou um projeto que nos motiva, precisamos descobrir como fazer para que nossa busca seja mutuamente benéfica. O que queremos é algo que podemos aproveitar para o bem? Quem mais se beneficiará com o que queremos construir? Será que o que realizamos ajudará a resolver uma injustiça? Se o conseguirmos, outros pensarão que somos muito egoístas ou egocêntricos? E, se assim for, o que podemos acrescentar à nossa história para mitigar um pouco do nosso egoísmo?

Pode parecer estranho falar de nossos desejos primitivos na mesma frase que nossos desejos altruístas, mas os roteiristas têm que lidar com as ambições multifacetadas de seus heróis o tempo todo.

Na última vez que fui ao cinema, o filme era sobre um boxeador que queria provar a si mesmo e ganhar uma luta de pesos pesados (quem se importa com o filme — há um milhão deles). Os redatores tinham, primeiro, que definir o que o boxeador queria (para ganhar a luta) e depois passar uma hora nos dizendo o quanto ele era um ser humano bondoso e altruísta; caso contrário, não nos importaríamos se ele ganhasse. Quase revirei os olhos quando, depois de orientar uma criança, pagar o aluguel de uma mãe solteira e comprar um jantar para um sem-teto, o cara adotou de verdade um cão de rua. Por quê? Tudo para que nós gostássemos dele e o aplaudíssemos quando ele, por fim, ganhasse a luta decisiva, o que, "spoiler", ele fez apenas para fazer contato visual com a mulher que ele ajudou, o homem que ele ajudou, a criança que ele ajudou e depois o cão. Créditos finais.

Quanto mais egoísta for a ambição do herói, mais os narradores terão de retocar o roteiro para que pareça menos idiota.

A lição para nós em tudo isso é que, enquanto somos movidos por desejos mesclados, devemos nos disciplinar para fazer coisas boas, ser bons para as pessoas, dar generosamente e minimizar alguns dos desejos egoístas que operam dentro de nós.

Na vida real, quanto mais benéfico for seu desejo, mais significado intrínseco a história terá. Encontrar algum tipo de desejo primitivo que o mova é crítico em sua busca de tração narrativa e, em última instância, da experiência de significado. Estou falando de um impulso profundo dentro de você que deseja construir algo para si mesmo. Então, descubra como usar esse desejo para tornar o mundo um lugar melhor, mais gentil, mais bonito e benevolente. Caso contrário, você terá que adotar um cão.

UM HERÓI FAZ UMA ESCOLHA SOBRE O QUE ELE QUER

Aqui está outra regra sobre histórias que ajudarão cada um de nós a viver uma vida mais significativa: tente não querer muitas coisas.

Se não querer nada estraga nossa história, também o faz querer muitas coisas, não porque seja errado querer muitas coisas, mas porque assim a própria história fica confusa.

Se Jason Bourne quisesse saber quem ele realmente era e, também, perder 13kg, correr uma maratona, casar com uma mulher e talvez adotar um gato — mas fazê-lo de forma responsável porque ele viaja a trabalho — o enredo se perderia e o público teria saído insatisfeito.

Um contador de histórias tem que fazer escolhas. Na vida, os heróis em uma missão também têm que fazer escolhas. Depois que os cineastas editam um filme, muitas vezes há tantas cenas editadas quanto as do próprio filme. Um editor sabe que um público não pode acompanhar uma história que não é clara.

Ter que condensar o que desejo tem sido um processo doloroso para mim. Adoro escrever livros de negócios, mas também quero escrever ficção. O problema é que não quero escrever ficção ruim; quero escrever ficção boa. Para ser honesto comigo mesmo, sei que levarei pelo menos dez anos para aprimorar minhas habilidades como romancista. E, quando conto meus dias, percebo que não tenho tempo. Não posso fazer as duas coisas. Também quero concorrer a um emprego, mas também desejo construir minha empresa. Quero muitas coisas que entram em conflito entre si e, por isso, sei que tenho que escolher.

Fiz escolhas. Deixei algumas oportunidades no chão da sala de edição e atuei sobre o que eu poderia realmente alcançar.

Para alguns, este último parágrafo soará como um compromisso, como se escrever ficção fosse uma busca sagrada e escrever livros de negócios algo muito terra a terra. Claro, não acredito que isso seja verdade. É que senti ter dois chamados, não um. Havia dois caminhos, e sabia que adoraria os dois. Tendo crescido pobre e sabendo o quanto todos os meus heróis literários tinham dificuldade com o dinheiro (e, a propósito, com álcool e com relacionamentos), escolhi o caminho que oferecia realização emocional, bem como oportunidade financeira.

Ao planejar nossas vidas, haverá concessões. Haverá desejos não atendidos. Essa é uma tensão com a qual temos que aprender a conviver.

Sim, você poderia ter se casado com outra pessoa, mas não o fez. Os contadores de histórias fazem escolhas e se comprometem com elas.

UM HERÓI É GUIADO POR UMA IDEIA CONTROLADORA

Repito: ao tecer uma história, o escritor deve tomar decisões. Normalmente, isso envolve definir um tema antes mesmo de a história começar.

O tema da história é basicamente sobre o que ela trata. Alguns contadores de histórias a chamam de "ideia controladora" ou de "moral da história", mas, independentemente disso, ela serve como um filtro.

O tema de *Romeu e Julieta* é provavelmente algo como "vale a pena morrer por amor", e o tema de *A Felicidade Não Se Compra* é algo como "uma vida de gentileza tranquila pode ter um impacto poderoso". Para escolher algo que você quer na vida, tente começar com seu tema. Meu tema é "abrir um caminho para qualquer pessoa que queira experimentar um profundo sentido de significado". Esse tema guia a maior parte da minha vida. Minha casa, meus livros, minha família e minha empresa, todos atendem a esse tema.

Quando ajudo as pessoas a criarem seu plano de vida, sempre começo com sua ideia controladora. Enquanto conversamos, o tema geralmente se torna óbvio, ao menos para mim. Elas valorizam viver o momento. Ou o trabalho duro. Ou as relações, em vez do dinheiro.

Quando encontro o tema delas, começo a sonhar com o que podem fazer com suas vidas.

Seu tema não tem que ser permanente. Na verdade, à medida que você for envelhecendo, ele poderá mudar. Meu tema, quando mais jovem, era provavelmente algo sobre como tirar o máximo proveito da vida. Quando fiquei mais velho, era sobre aprender um ofício. Agora, é sobre aproveitar minha experiência para o benefício dos outros.

Nosso tema mudará conforme nos aprofundarmos em nossas histórias. Afinal, as histórias têm capítulos.

A grande vantagem de atribuir um tema a essa parte de sua vida é que seu tema, ou sua "ideia controladora", servirá como um filtro.

Em algum momento de sua vida, você pode começar a ter muitas excelentes direções pela frente, muitas opções. Seu tema o ajudará a descobrir o que deve ser feito e o que deixar para trás.

Sem um tema, um escritor pode ser tentado a incluir cenas, personagens e reviravoltas demais em sua história; o que a arruinará. Uma história precisa ser sobre algo e esse algo precisa ter definição.

Quando entrarmos no plano de vida mais adiante neste livro, você desenvolverá um tema para o ano corrente em que se encontra, bem como sua visão de cinco anos e sua visão de dez anos.

Uma vez conhecido seu tema, você terá um filtro que o ajudará a deixar algumas cenas no chão da sala de edição. Quando você definir um destino específico para sua vida, sua história começará a tomar forma e você se tornará mais interessado em sua própria vida.

UM HERÓI ENCONTRA UMA HISTÓRIA QUE COLA

Nem todas as missões "colam". Já conheci muitas pessoas que decidem que querem correr uma maratona apenas para desistir após algumas semanas. Não as julgo. O objetivo de se tornar um herói em missão é experimentar um profundo senso de propósito, não terminar uma maratona. Se uma pessoa tenta algo e não gosta, não a julgo mais do que a uma pessoa que começa a ler um livro ou assistir a um filme e decide não terminá-lo porque fica entediada.

Na verdade, quanto mais cedo você abandonar uma história que não lhe interessa, mais cedo poderá encontrar uma que o faça.

A questão aqui não é aceitar o fato de ser um desistente, mas encontrar uma paixão que não lhe permita desistir. Quando você sabe do que se trata sua vida e sabe o que quer buscar, garanto que se levantará cedo, atravessará o rio a nado, caminhará descalço pela neve. Encontre a história que quer viver e não terá que se preocupar com disciplina.

Há momentos em que me canso de pessoas no Instagram nos mostrando seus músculos ou seu avião particular falando sobre como deveríamos ser mais disciplinados. Essas pessoas têm o que têm porque encontraram uma história que amam, uma história que faz o sacrifício parecer bom. A disciplina é um pouco mais fácil de encontrar se você tem tração narrativa em sua vida. Em vez de nos envergonharmos com nossa falta de disciplina, faríamos melhor em encontrar uma história na qual estejamos dispostos a enfrentar nossos desafios.

Para mim, a história de ser um escritor colou. Não tenho escolha a não ser escrever. Se não fosse pago para escrever, escreveria mesmo assim. Se você me trancasse em uma cela sem caneta ou lápis, eu escreveria na minha cabeça. Há momentos em que não tenho vontade de escrever, mas o desejo de ver o que posso colocar em uma página naquele dia me obriga a escrever.

Meus livros ajudaram a construir uma vida incrível. Escrevi biografias e depois livros de negócios. Um dia, poderei finalmente escrever aquele romance. A escrita está em mim, tal como algo está em você. O que é essa coisa que você tem que fazer? Ela deve guiar sua história.

Também devo dizer que tornar-se escritor não é a coisa mais satisfatória que já me aconteceu. Ter uma boa carreira é bom, mas nossas histórias não têm que tratar de realizações profissionais. Toda minha vida quis escrever livros importantes, trabalhar em projetos importantes e talvez até me tornar alguém importante. O retorno desses esforços tem sido bom, mas mínimo. Absolutamente nada me fez sentir mais importante do que me tornar pai. No segundo que Emmeline nasceu, eu soube, sem dúvida, que seria necessário. Não esperava por isso. Como diz o autor Andy Stanley: "Sua maior contribuição ao mundo pode não ser algo que você faz, mas alguém que você cria." Acrescentaria a isso que a ocasião na qual você obtém o maior significado da vida pode não estar em suas realizações, mas no sacrifício necessário que você faz em nome de outra pessoa.

O significado está centrado no amor: por nossos projetos, nosso mundo, nossas comunidades e nossas famílias. Temos que encontrar algo que nos tire de nós mesmos.

Quando nossos bebês choram durante a noite, e estamos cansados, nos arrastando, nos perguntamos se perdemos nossa liberdade. A resposta é sim. Perdemos nossa liberdade. Mas ganhamos significado. O significado custa alguma coisa.

Seja como for, quando trabalho com pessoas para ajudar a criar seu plano de vida, é importante descobrir o que as deixa felizes.

A verdadeira questão é: sobre o que você está infinitamente curioso e essa curiosidade o atrai para uma vida de sacrifício? O que o fará desistir de sua liberdade para construir?

UM HERÓI PERGUNTA: "E SE?"

Às vezes, quando estou escrevendo uma história e a trama parece emperrada, me pergunto: "*E se?*" E se o herói se apaixona? E se o herói é apanhado em um assalto a um banco? E se o herói descobre que pode atravessar paredes?

E se? Eis aí uma pergunta fantástica a fazer para superar o bloqueio do escritor.

Essa não é uma pergunta ruim a ser feita também na vida. E se você deixar seu emprego? E se vivesse em um trailer por um ano? E se adotasse uma criança?

E se for uma pergunta que leve à aventura? Isso o transporta a uma história que o deixa animado para se levantar pela manhã, e talvez um pouco assustado.

Anos atrás me perguntei: "E se eu escrevesse um livro?" Então, após escrever alguns livros, me perguntei: "E se eu escrevesse um livro de negócios?" E depois: "E se eu criasse uma empresa de aprendizagem e desenvolvimento?" Hoje em dia me pergunto: "E se eu criasse uma terceira via no processo político norte-americano?"

Perguntar *E se?* pode provocar mudanças incríveis em sua vida e dar-lhe uma ótima razão para sair da cama pela manhã.

Um herói precisa de uma "coisa para fazer." Se essa coisa for excitante e importante, o herói acordará sentindo-se obrigado a agir. Essa é a essência da tração narrativa.

UM HERÓI PODE SE JUNTAR À OUTRA HISTÓRIA

Um herói nem sempre tem que sonhar com sua própria história. Pode ser igualmente gratificante se juntar à de outra pessoa. Já fiz isso muitas vezes. Entrar em uma campanha presidencial, ajudar um amigo a escrever um livro, andar de bicicleta pelo país — essas aventuras foram sonhadas por outros. Acabei de assinar o formulário, comprei o equipamento e fui me juntar a um grupo de entusiastas malucos.

O objetivo é iniciar algo ou se unir a algo que cria tração narrativa em nossas vidas. De novo: a tração narrativa é a sensação de que nossa história pessoal é tão interessante que não podemos voltar atrás. Podemos nem sempre gostar, mas não podemos deixar de fazer. Mesmo que isso nos esgote e nos vejamos reclamando, estamos nela. A história nos engoliu e está nos mantendo interessados em nossas próprias vidas.

Na maioria das vezes, unir-se para realizar uma missão é ainda mais emocionante do que sonhar com uma de suas próprias missões.

Não há nada que se iguale a fazer parte de um grupo de pessoas que estão mudando seus mundos.

Aqui estão os tipos de perguntas que você quer começar a fazer a si mesmo enquanto começa a criar seu plano de vida: o que você vai construir? A que história você vai se juntar? Como poderia ser sua vida daqui a um ano, cinco anos ou dez anos?

6

Um Ritual Matinal para Guiar e Direcionar Sua História

O DECIDIR O QUE deseja fazer, construir, unir ou criar, você deu o primeiro passo para se tornar um herói em missão: você se convidou para uma história.

Entrando nessa história, você sai do que Viktor Frankl chamou de vácuo existencial. Isso acontece porque a vida agora está lhe fazendo uma pergunta que requer ação para ser respondida.

Você vai decidir trabalhar remotamente e levar sua família a uma viagem de um ano pelo mundo? Escrever aquele livro? Começar um jardim comunitário? E, além disso, como tudo isso vai funcionar?

A pergunta da história é o ingrediente mágico que o mantém interessado em sua própria vida. E a ação que você toma para responder a essa pergunta o retira do vazio narrativo.

Quais perguntas da história criam tração narrativa em sua vida?

Todas as histórias são construídas em torno de um elemento central. Será que a equipe ganhará o campeonato? O casal vai se apaixonar e viver feliz para sempre? O herói vai desarmar a bomba?

De novo: a história em si não importa tanto, desde que apresente uma pergunta. Uma tão convincente que o faça estar disposto a mudar a trajetória de sua vida de tal modo que a resposta escolhida aconteça.

Após decidir o que queremos, o próximo desafio é levar a ambição até sua conclusão.

Mas ver através das coisas é um desafio em si mesmo.

O difícil de ler um livro como este é que nos inspiramos e nos sentimos bem com a vida, mas não demora e nos encontramos de novo no mar das distrações. Um ano depois, infelizmente, percebemos que não avançamos em nossa história.

Para fazer uma história acontecer, temos que nos levantar todos os dias e "colocar algo na trama". Essa é a frase exata que usei durante todo o tempo em que estava começando minha carreira de escritor. Levantava de manhã, ia até a cafeteria local e "colocava algo na trama". Mais recentemente, é a frase que uso enquanto Betsy e eu construímos Goose Hill, nossa casa que funciona como uma espécie de minicentro de retiro para amigos e familiares. É a frase que usei enquanto construía minha empresa, e é a frase que usei todas as manhãs quando pedalava pelos Estados Unidos (às vezes com um palavrão misturado).

Falar sobre todas essas histórias é fácil, claro. Já vivê-las, é difícil.

O processo de viver uma história (ou, aliás, de escrever uma) pode parecer exaustivo. Durante os primeiros dias de Ernest Hemingway em Paris, ele costumava ficar à janela de seu apartamento olhando para a cidade e dizer para si mesmo: "Não se preocupe. Você sempre escreveu antes e vai escrever agora. Tudo o que precisa fazer é escrever uma frase verdadeira. Escreva a frase mais verdadeira que você sabe." Com isso em mente, ele se sentava e adicionava outra linha a seu legado.

As histórias que vivemos parecem românticas em retrospectiva, mas no momento é tudo trabalho. Quando estamos tentando viver essas histórias, somos atacados pelo medo de que as coisas não funcionem ou simplesmente não estamos com disposição de acrescentar algo no enredo. São as constantes interrupções, desvios e outras pessoas que pensam que somos um pouco loucos que nos fazem estagnar em nossas histórias e voltar ao vazio narrativo.

Mas temos que seguir em frente. Temos que continuar a acrescentar um pouco na trama, dia após dia, se quisermos encontrar a tração narrativa necessária para nos interessar por nossas próprias vidas.

O que precisamos é de uma ferramenta que nos ajude a permanecer no caminho certo.

Há mais de dez anos venho realizando um simples ritual matinal que canaliza meu foco e minha intensidade. O ritual envolve rever meu plano de vida e depois preencher uma página do planner diário. Independentemente de quão nebulosa minha mente esteja, meu ritual muda a maneira como vejo o mundo. Meu ritual matinal me dá clareza sobre o que é minha história, por que ela é importante e o que preciso fazer naquele dia para colocar algo na trama. Com essa clareza, começo meu dia.

O ritual é assim:

1. *Eu leio meu discurso fúnebre.* Sim, já escrevi o meu e todas as manhãs, em meu ritual, o leio. Tive essa ideia com Stephen Covey. É uma vantagem para mim lê-lo porque me ajuda a começar com o fim em mente. Em um próximo capítulo, lhes mostrarei. Explicarei como o escrevi e como ele me ajuda a me concentrar ao começar meu dia.

2. *Leio minhas perspectivas de vida para daqui a dez anos, cinco anos e um ano.* No plano de vida que incluí mais adiante neste livro estão três páginas que, de certa forma, colocaram minha vida em movimento para me tornar o tipo de pessoa sobre a qual eu li no discurso fúnebre. Não muito diferente de um golfista profissional que alinha sua tacada para que sua bola encontre o buraco, eu uso minhas páginas de perspectiva de um, cinco e dez anos para direcionar minha vida o mais próximo possível do objetivo.

3. *Leio minhas planilhas de definição de metas.* Leio sobre os três objetivos nos quais trabalho atualmente. Cada uma serve como uma espécie de tijolo na parede para meu plano de vida geral. Só me dou três objetivos de cada vez porque é difícil para um cérebro humano dar prioridade a mais de três projetos.

4. *Preencho minha página do planner diário.* Criei essa página há mais de dez anos, mas a mantive em sua maioria privada até que decidi escrever este livro. Eu credito a essa página do planner o mérito de me manter concentrado e conduzir um nível moderado de intensidade. Se eu tivesse que reverter qualquer sucesso que alcancei, daria crédito a essa ferramenta.

UM HERÓI NÃO PERDE O FOCO DE SUA HISTÓRIA

O sinal claro de um escritor amador é que, ao escrever sua história, ele perde o foco. Ao ler um livro escrito por um amador, você começa empolgado, imaginando como o heroico personagem principal conseguirá a promoção, ganhará a corrida ou desarmará a bomba. Mas, então, o narrador se distrai com um personagem secundário e passa alguns capítulos falando sobre ele sem nunca mais voltar ao enredo original sobre o herói que enfrenta um desafio. A história é arruinada e você perde o interesse.

Quando lê um livro como esse, você fica confuso. Fica se perguntando sobre o que se trata e se o autor sabe o que está fazendo.

Você provavelmente já conheceu pessoas que perderam o foco em sua própria história, tal como alguém que está passando por uma crise de meia-idade. Elas vivem dentro de um vazio narrativo porque seus enredos foram invadidos por distrações. Certa manhã, elas acordam e percebem que percorreram milhares de quilômetros de uma estrada que nunca tiveram a intenção de trilhar.

Mas, afinal, como elas perderam o foco? Entregando sua agência pessoal a forças externas em vez de determinar sua própria história e viver nela dia após dia.

Como impedir que isso aconteça? Escrevemos a história que queremos viver e depois nos lembramos dela em um ritual que realizamos durante várias manhãs por semana.

Dou a meu ritual matinal muito crédito pelo que fui capaz de realizar nos últimos dez anos. E também, é claro, à revisão de meu plano de vida pelas manhãs por me ajudar a viver uma história que me proporciona uma profunda experiência de significado.

Quando reviso meu plano de vida, lembro-me das questões centrais que a história da vida me faz. Será que continuarei a ajudar as pequenas empresas a prosperar? Será que Betsy e eu continuaremos melhores amigos para sempre? Será que nossa casa ajudará as pessoas a encontrar descanso? Será que nossa bebê crescerá acreditando que pode ter um impacto positivo no mundo?

Essas são algumas das perguntas que impulsionam minha vida. E me lembro delas todas as manhãs. Depois que me lembro das perguntas da história que minha vida está tentando responder, a tração narrativa está garantida. Essas perguntas são suficientemente interessantes para que eu queira acordar todos os dias e acrescentar algo à trama.

Sem esse ritual, teria perdido o foco há muito tempo.

UM HERÓI FAZ DO VIVER UM HÁBITO INTENCIONAL

Um escritor profissional faz da escrita um hábito. Aprendi isso com Jerry Seinfeld. Anos atrás, em um documentário sobre sua carreira, ele creditou seu sucesso ao tempo que passou aprimorando sua atuação.

Certa manhã, enquanto comia em um café, em uma pausa das piadas que escrevia, ele ficou observando um grupo de trabalhadores da construção civil atravessando a rua para ir trabalhar. Cada um deles tinha seu capacete e uma marmita na mão. Ele então se perguntou por que o trabalho criativo deveria ser diferente do trabalho físico. Se acordasse todos os dias e fosse trabalhar em sua atuação, aprimorando suas piadas e construindo uma nova rotina, o que aconteceria com sua carreira? Hoje, depois de décadas "batendo o ponto", ele é o comediante mais reconhecido do mundo.

Desde que ouvi Jerry Seinfeld refletir sobre sua ética de trabalho, tenho reservado as manhãs para escrever. Há poucas manhãs em que não me sento e coloco mais alguns parágrafos na página.

Um escritor profissional sabe das limitações de tempo. Eles têm que se isolar durante o tempo necessário para terminar o livro e depois aparecer para trabalhar quando disseram que o fariam.

É assim que vejo meu dia a dia, caso eu queira desenvolver a empresa, completar a construção de Goose Hill, terminar meus livros, ser um bom marido e pai, permanecer saudável e assim por diante.

Sonhar não é trabalhar.

Descobri que, ao rever meu plano de vida, lembro-me da trama que determinei para minha vida e sei que o trabalho requer minha atenção. Sim, essa trama muda de tempos em tempos. Novas ideias me vêm à mente. Novas oportunidades surgem. Mas a questão é que não vivo a vida ao léu. Na maior parte do tempo, ela vai na direção que eu quero.

Vítimas não têm plano. Esperam ser salvas. Um vilão tem um plano de destruição e planeja a vingança em um mundo que o feriu. Um herói cria um plano, benéfico para ele e para o mundo, e se agarra a ele.

Um guia tem uma vida ótima e muda de rumo para ajudar os heróis a encontrar e a viver suas próprias histórias significativas.

O Plano de Vida do Herói em Missão baseia-se em duas ideias: na logoterapia de Viktor Frankl e nos elementos que impulsionam uma história interessante. Esse plano de vida não tem a ver com produtividade, embora certamente o ajude a ser mais produtivo. Ele é projetado para ajudá-lo a experimentar um profundo senso de propósito.

Há muitos planos de vida por aí. Tento manter a simplicidade dos meus. Descobri que, se algo for simples, é mais provável que eu me agarre a ele.

Nos últimos dez anos, compartilhei o plano de vida com amigos e familiares próximos. A notícia se espalhou e, agora, milhares de pessoas o usam, e ao planner diário, para guiar suas vidas.

Caso esteja procurando ganhar mais foco, e curioso em como criar uma nova história para sua vida, o Plano de Vida e o Planner Diário do Herói em Missão funcionarão. Tem funcionado bem para mim.

O resto deste livro o ajudará a criar um plano de vida que o transformará em um herói em missão.

Crie Seu Plano de Vida

A partir deste ponto, o livro o guiará na criação de um plano de vida e também o ensinará a usar o Planner Diário do Herói em Missão. Você pode usar as últimas páginas deste livro ou imprimi-las da planilha em maior resolução em HeroOnAMission.com [conteúdo de responsabilidade do autor e em inglês].

O plano de vida começa com o exercício de escrever seu discurso fúnebre. Vários capítulos do livro o ajudarão a imaginar a vida que você quer viver a fim de que esse discurso o convide para uma história significativa e crie um senso de urgência em sua vida.

Você também será orientado através das planilhas de perspectivas de dez anos, cinco anos e um ano. Essas planilhas o ajudarão a começar a imaginar a vida que você quer viver e a dar pequenos passos em direção a um objetivo que importe.

Seguindo suas planilhas de perspectiva, você aprenderá como preencher planilhas de estabelecimento de metas que utilizam algumas ferramentas para aumentar as chances de atingi-las. Finalmente, você aprenderá como preencher uma página do planner diário que reúne todo o processo e o mantém no rumo certo todos os dias em que o utilizar.

Se você visitar HeroOnAMission.com [conteúdo em inglês], encontrará nosso software online que lhe permitirá criar seu plano de vida online e também se juntar a uma comunidade de milhares de outras pessoas que tentam viver vidas com sentido. A versão do software inclui vídeos nos quais ajudo a criar seu plano de vida e o planner diário.

7

Um Discurso Fúnebre Lhe Permite Relembrar Sua Vida Inteira, Mesmo Antes Que Ela Acabe

LÉM DE MINHA ESPOSA, MINHA companheira mais próxima na vida é uma cadela labrador de 13 anos. Trouxe Lucy para casa quando ela tinha apenas 7 semanas de idade. Eu era um solteirão solitário na época, ultrapassando o prazo tradicional do casamento, e estava ficando convencido de que seria um solteirão para sempre. Foi Lucy quem curou minha solidão.

Todas as manhãs, quando eu morava em Portland, Lucy e eu passeávamos pelo rio Willamette — 1,5km pela água e 1,5km de volta, eu jogando uma bola de tênis na água para que ela pegasse. Ainda posso vê-la pondo a bola a meus pés, cavando um buraco na areia e latindo até eu pegar a bola para jogá-la novamente. Quando estava cansada o suficiente para dormir aos meus pés, voltávamos para casa. Depois eu escrevia. Havia dias em que passear com Lucy levava horas. Eu não me importava. Sua energia me fazia sentir tão vivo quanto a escrita.

Se uma criatura pode desfrutar de um rio, um passeio e uma bola, eu poderia desfrutar de um dia de escrita. Lucy me lembrava que o trabalho podia ser brincadeira.

Isso foi há quase 14 anos atrás.

Ela não corre mais atrás de bolas. Betsy e eu a deixamos nadar na piscina há alguns dias e na manhã seguinte ela não conseguia se levantar da cama. Suas patas traseiras estão finas; ela treme para ficar de pé. Lucy deu seu último mergulho.

Ver Lucy envelhecer e se preparar para a transição desta vida me faz pensar cada vez mais sobre minha própria história. Será que estou vivendo uma história que tem sentido? Será que a história que deixo para meus filhos será uma que eles vão querer imitar, que os ajudará a experimentar um profundo senso de significado?

Todas as manhãs frias deste inverno, Lucy tem ficado na varanda por um minuto ou mais, olhando para os cinco degraus entre ela e o quintal. Seus olhos, geneticamente tristes para começar, finalmente têm razão. Ela parece calcular cada passo doloroso que será preciso dar para chegar ao quintal e se aliviar. Ela desliza as duas patas dianteiras pelo primeiro degrau, puxando a traseira e a cauda atrás dela como um reboque. Suas pernas traseiras tremem quando ela vai. Ela não chuta mais a grama com os pés traseiros quando termina. Seu nariz se levanta no ar e treme como se estivesse lendo notícias sobre eventos distantes. Finalmente, ela se vira de volta para a varanda e olha para mim. Nós dois nos perguntamos se ela ainda tem o que é preciso para voltar para dentro da casa onde dormirá o dia todo.

Betsy e eu consultamos nosso veterinário sobre quando deixar Lucy ir. Ela está tomando um anti-inflamatório e o médico diz que ela está mais cansada do que com dor, mas isso vai mudar em breve.

É uma realidade preocupante. E assustadora. Histórias devem acabar. As crianças vivem na eternidade como os filhotinhos, mas pessoas e cães morrem. Quanto tempo temos? Tenho mais dois anos de vida com Lucy, talvez três. Mas não quero mais cães. Quero esse e quero que ela esteja por perto para ver o bebê crescer, e quero que andemos ao longo do rio e depois voltemos para casa a fim de escrever nossas histórias. Para sempre.

Posso ouvir Viktor Frankl em meu ouvido, ainda que sussurrando: *nós amamos mais o que não podemos manter.*

E nenhum de nós consegue manter nossas vidas. Temos que deixá-las para trás.

Em certo aspecto, aprendi mais sobre a vida com Lucy do que com mil livros. Aprendi a ficar entusiasmado quando alguém vem à porta.

Aprendi que exercícios são divertidos e sonecas são fundamentais. Aprendi que não há problema em deixar as pessoas saberem quando você está triste. Aprendi a ser leal.

Já mencionei que a casa que Betsy e eu construímos em Nashville é chamada Goose Hill. O apelido de Lucy é Goose. Demos o nome dela à propriedade para nos lembrarmos de ficar entusiasmados quando as pessoas chegam à porta, para tratar as pessoas com lealdade e amor, e também para desfrutar da comida e tirar cochilos.

Se minha vida contar uma história como essa, ficarei satisfeito.

NÓS TRANSMITIMOS NOSSAS HISTÓRIAS

Betsy e eu nos esforçamos muito para ter um bom casamento, sem dúvida. Aprendemos sobre o que discutir e o que abrir mão. Alinhamos nossos valores. Não queremos brigar por nada; estamos convencidos do nosso objetivo para Goose Hill e para a empresa. Concordamos sobre o ritmo básico da vida. Trabalhamos, descansamos e brincamos. Betsy me disse antes de nos casarmos que não queria fazê-lo com um viciado em trabalho. Entendi que precisava criar histórias em minha vida que não fossem apenas sobre realização profissional, mas também sobre família, viagens e diversão.

Betsy é uma pessoa realizada por méritos próprios, mas também me ensinou a sentar na praia para ler um livro, algo que nunca pensei que iria gostar.

Sabemos, no entanto, que as coisas estão prestes a mudar. À medida que Emmeline cresce, começamos a nos perguntar se o drama está chegando. Ela vai gostar de nós? Será que ela vai se encaixar? Vai conseguir se sentar em uma praia e ler um livro?

Sei que tudo isso parece uma confissão egoísta, mas é assim. Betsy e eu temos uma vida ótima, plena de beleza e de significado. Temos um pouco de medo de que essa vida chegue ao fim. Alguém na verdade se safa tão facilmente assim?

Emmeline foi ativa desde o começo da gravidez. Betsy era nadadora no ensino médio e eu juro que Emmeline dava cambalhotas no útero. Betsy punha minhas mãos sobre seu estômago de manhã e à noite, e sorria enquanto o bebê dançava e chutava em sua barriga.

"Essa criança quer sair", eu dizia.

"Que bom você ter feito a cirurgia no joelho." Betsy ria. "Vai precisar de joelhos bons."

Sabemos intuitivamente que a próxima temporada não tratará tanto de desfrutar um do outro e de nosso romance, mas de uma responsabilidade muito séria. Nossa parceria terá que evoluir do prazer um do outro para depender um do outro a fim de servir a um propósito maior. Teremos que trabalhar juntos e transmitir tudo o que sabemos sobre o amor e a vida a outro que poderá, então, usar o que aprende para construir uma vida própria.

Na verdade, quando Emmeline nasceu, tive a sensação de que tinha acabado de receber a maior responsabilidade da minha vida. Nunca imaginei que isso acontecesse, mas, para todo meu desejo de ser importante e fazer coisas importantes, bastava ter um filho.

Eles não contam quão brilhantes são as luzes na sala de cirurgia antes de você entrar. É como um campo de futebol. É tudo rotina para os médicos e você fica grato. Eles tinham feito três cesarianas naquela manhã. Betsy estava calma e eu estava firme. Eles me sentaram em um banquinho no lado do ombro dela e peguei sua mão. Havia uma divisória que impedia Betsy de ver, então eu vi o bebê primeiro. Emmeline. Eu a descrevi para Betsy. *Ela é linda, querida. Ela é maravilhosa.* O médico a levantou até a luz como se ela subisse em um palco. Ela estava cinza e cor-de-rosa, com a boca aberta, descobrindo o ar. Seu choro era como o grito de uma ovelha aterrorizada. Seus olhos estavam apertados. Ela era ao mesmo tempo indefesa e incrível.

Eu me levantei por reflexo, ainda segurando a mão de Betsy. Os médicos a limparam e pesaram. Então a segurei, hipnotizado. Como poderiam ter ocorrido tantas mudanças em três almas em apenas um instante? Eu a olhei como a um portal, uma bola de cristal conjurando todas as nossas famílias, passado, presente e futuro. Os médicos a mediram, depois a coloquei no peito de Betsy e nós três choramos juntos. Mais tarde, quando Betsy e eu conversamos sobre isso, admitimos que ela não se parecia nada com o que pensávamos. Ela era instantaneamente o amor de nossas vidas e, ainda assim, uma completa estranha.

Com cerca de um minuto de vida, ela cheirava como um leitãozinho. Betsy e eu rimos. *Que festa, garotinha. Seu lugar é conosco.*

Antes de você ter um bebê, as pessoas lhe dizem que não acreditam que o hospital permita que você os leve para casa. *Você precisa de uma carteira de motorista para dirigir um carro, mas não precisa de nada para criar uma criança*, dizem. Mas, quando você tem 49 anos, administra uma empresa e tem seu primeiro filho, não pensa assim de maneira alguma. Eu estava pronto. Queria aplicar estratégias de gerenciamento enxuto à sua criação. Queria levá-la para casa em Goose Hill, onde tudo era seguro.

Outra coisa que me preocupava antes do nascimento de Emmeline era perder a motivação para mudar o mundo. Tinha medo de não querer escrever ou trabalhar porque só ia querer ser pai. Mas meu amigo Paul Burns disse que não seria assim. Ele ressaltou que eu tinha começado a pensar em meu legado, e que isso proporcionaria um novo nível de inspiração. Disse que minha história e meu nome significariam algo e que eu iria querer protegê-los porque isso afetaria meus filhos.

Nas semanas após trazermos Emmeline para casa, foi o que aconteceu. Nunca fui do tipo que queria ser lembrado. Mas saber que ela tem meu nome me faz querer que esse nome signifique algo bom.

Emmeline também me fez pensar em como a vida é curta. Ou pelo menos o quanto vai ser curto o resto de minha vida.

Ainda me restam uns 30 anos. Talvez menos. Há uma chance de eu nunca conhecer meus netos, e de Emmeline legitimamente se afastar de seus pais para viver sozinha na mesma época que eu venha a falecer.

Sei da estranheza desses pensamentos, mas, por mais bela que seja, a vida é também temporária. Não estamos aqui por muito tempo. A beleza de uma nova vida e a tristeza da morte estão à nossa volta.

Mesmo antes do nascimento de Emmeline, comecei a filmar pequenos vídeos, mensagens que ela poderá assistir quando for mais velha. Mostrei-lhe Goose Hill e como todas as árvores novas eram pequenas quando ela nasceu. Um dia, ela poderia se casar debaixo daquelas árvores. Ela e as árvores terão crescido fortes e bonitas juntas.

Em minha mente, posso vê-la em seus 40 e 50 anos, voltando para ver as mensagens que seu pai deixou. Faço esses vídeos porque não quero ter que deixá-la, nunca. Mas isso não é possível. Todos nós temos que ir e tudo que podemos realmente deixar são as histórias que vivemos, as histórias que nossos filhos e nossos netos podem contar sobre nós. Toda história deve chegar ao fim.

Na manhã em que trouxemos Emmeline do hospital para casa, ajudei Betsy e sua irmã a entrar no carro. Enquanto a enfermeira e eu colocávamos o bebê na cadeirinha, ouvimos um grito horripilante no andar acima do estacionamento. Olhei para a enfermeira e confirmei que ela também tinha ouvido. A enfermeira ficou com Emmeline e saí correndo. Ao contornar a curva no topo da rampa, vi uma mulher caída no chão, soluçando. Duas outras mulheres estavam com ela, todas chorando. Quando cheguei mais perto e perguntei se estavam bem, uma delas me disse que tinham acabado de receber notícias horríveis. Tinham perdido um ente querido no hospital. Coloquei minha mão sobre meu coração, murmurei que sentia muito e as ajudei a levantar a mulher que estava caída no chão.

A caminhada de volta para o carro foi dolorosa. Pensei comigo mesmo que *tudo termina com a mesma certeza que começa*. Chegamos e partimos, e, apesar de parecer que estamos aqui para sempre, para sempre é uma perspectiva reservada aos jovens. Emmeline tem uma eternidade. Eu tenho pela frente 30 anos.

Mais uma vez, tudo isso pode soar estranho, mas nossa aversão a pensar na morte também é uma aversão a aceitar a verdade. As vítimas tapam seus olhos porque o mundo é assustador demais. Mas os heróis não desviam o olhar. Eles enfrentam os fatos da realidade e tentam viver uma história inspiradora dentro desses fatos.

Outra verdade é que a morte não é ruim. Todas as boas histórias têm um começo, um meio e um fim. E é somente porque elas terminam que podem ser compreendidas. Quando terminamos de viver nossas histórias, é quando uma moral pode ser determinada. A inspiração pode ser sentida. Sua história pode viver na memória dos outros e servir de modelo para que eles experimentem um significado.

Mesmo lamentando o fato de que esta vida com Betsy, Emmeline, e até mesmo com Lucy, não durará para sempre, reflito sobre a ideia de que a morte também nos serve de muitas maneiras. Por sabermos que nossas histórias vão acabar, somos dotados de um senso de urgência. Se nossas histórias continuassem para sempre, nenhuma ação seria importante, porque tudo poderia esperar até amanhã. É a sensação de morte pendente que nos encoraja a nos ocuparmos em viver.

Se nossas histórias são significativas para nós mesmos ou inspiradoras para os outros, depende inteiramente de nós.

Roteiristas e romancistas muitas vezes começam com o fim de uma história em mente antes de começar a escrever. É uma velha estratégia de redação. Você começa com uma cena final que é linda e significativa e depois faz uma inversão da história para chegar a essa cena.

Levanto toda essa conversa de vida e morte porque a melhor maneira de garantir que nossas histórias estejam cheias de sentido é realizar um exercício criativo: fingir que estamos no fim de nossas vidas, relembrar e anotar o que aconteceu.

ESCREVA SEU PRÓPRIO DISCURSO FÚNEBRE

Para criar seu plano de vida, vamos passar por uma série de exercícios e de tarefas. Cada exercício é projetado para ajudá-lo a pensar e a completar as tarefas. Em conjunto, isso o ajuda a criar um plano de vida que você poderá rever como um ritual matinal e também lhe dará um planner diário para mantê-lo no caminho certo.

A primeira tarefa que realizaremos ao criar nosso plano de vida é escrever nosso discurso fúnebre. No início, isso pode parecer mórbido, mas espero que você o ache centralizador e até mesmo inspirador.

Os próximos capítulos o ajudarão a pensar na vida e depois escrever um discurso fúnebre que o ancorará e auxiliará a ter mais agência.

Escrever meu discurso fúnebre criou um filtro que me ajuda a tomar decisões melhores.

Esta manhã eu poderia ter terminado de assistir àquele documentário fantástico de Ken Burns que comecei ontem à noite, sobre a vida de Ernest Hemingway. Em vez disso, optei por continuar a escrever este livro. Por quê? Porque manhã após manhã me lembro de que no fim da vida quero ter sido um homem de palavras — palavras que construíram mundos. Não posso fazer isso assistindo a um documentário sobre um cara que escreveu livros. Eu mesmo tenho que escrevê-los.

Há várias outras maneiras de escrever nosso discurso fúnebre, e processar a realidade de nossas próprias mortes pode tornar nossas vidas mais interessantes e mais significativas.

O TIQUE-TAQUE DO RELÓGIO CRIA UM SENSO DE URGÊNCIA

Os contadores de histórias utilizam a ferramenta do tempo expirado para aumentar o drama. Sem um relógio tiquetaqueando, uma história fica entediante. Da próxima vez que você assistir a uma história de amor, note que não se trata de um simples conto sobre um casal que se apaixona. Em vez disso, você vai notar que o filme é sobre um homem que se apaixonou por uma mulher, mas a mulher está planejando se casar com o irmão mais velho do herói que é um idiota, só que a mulher não sabe que seu noivo é um idiota. O casamento será no próximo sábado ao meio-dia, e nosso herói tem apenas seis dias para convencê-la de que está cometendo um erro!

Isso sim é uma história.

Por quê? Porque o prazo de sábado ao meio-dia força a ação.

Isso é verdadeiro em quase todas as histórias que você lê ou em qualquer filme que assiste. A bomba deve ser desarmada antes de um tempo determinado. O tesouro deve ser encontrado antes que os vilões cheguem a ele.

Mesmo nos esportes, é o relógio que força o drama. Nossa equipe deve marcar mais duas vezes antes que o relógio chegue a zero, caso contrário, perderá o campeonato.

Sem um relógio marcando um prazo, fica difícil fazer com que uma história seja convincente.

NOSSO DISCURSO FÚNEBRE DEFINE NOSSO PAPEL

Quando penso no papel que desempenharei na vida da minha esposa e na da minha filha, a única descrição definitiva à qual consigo chegar é que quero servir como um alicerce. Betsy trará o calor e as janelas. E a alegria, porque ela sempre o faz. Ela também trará estabilidade graças à sua capacidade de desarmar a tensão. Ela providenciará a nutrição. Mulheres são seres milagrosos. Mas eu não serei sem importância nessa operação. Quero ser um alicerce. Quero que as pessoas que amo sejam capazes de construir seus sonhos sobre mim; quero ser uma base estável sobre a qual esses sonhos possam se materializar. Quero me manter humilde e forte.

Porém, ter uma ambição para minha vida não basta. Sem ter, ao fundo, o relógio tiquetaqueando alto até a morte, eu não sentiria a urgência de agir em prol de minha ambição de ser um bom pai.

A atriz e diretora Bryce Dallas Howard, filha de Ron Howard [ator e produtor de cinema], fez recentemente um documentário sobre pais chamado *Pais*. Betsy e eu o assistimos juntos outra noite. Ron Howard, que teve um pai fantástico, trabalhou para deixar um legado para seus próprios filhos. Mesmo enquanto construía uma carreira de sucesso, estava sempre presente para seus filhos. Quando falo em servir como base para minha família, me agarro às três coisas que Ron Howard disse que tentou prover para seus filhos: amor, segurança e um exemplo a ser seguido. Incluí o fato de que queria propiciar amor, segurança e um exemplo a ser seguido em meu discurso fúnebre.

Se eu não lesse meu discurso fúnebre todas as manhãs, rapidamente esqueceria meu desejo de ser um bom pai. Se não nos lembramos de quem queremos ser todos os dias, as distrações podem roubar nossa história. Caso eu não tivesse escrito o meu próprio e o lido várias vezes por semana, esqueceria que desejo que minha filha possa dizer que a preparei para ter sucesso no amor, no trabalho e na vida. Quero que ela se case com alguém que a ame como eu amo sua mãe. Quero que minha história tenha um começo, um meio e um fim que inspire as histórias das pessoas que deixarei para trás.

Sem esse meu discurso, provavelmente esqueceria que tenho pouco tempo para viver minha história. Provavelmente me distrairia e me entorpeceria de prazer em vez de aceitar os desafios que a vida oferece.

Não quero me distrair da tarefa em questão, e essa tarefa é a vida.

Para ser claro, não estou muito entusiasmado com a ideia da morte. Gosto muito, mas muito, desta vida. Ela está cheia de tesouros escondidos e quero continuar procurando-os.

Esse é, talvez, o lado negativo de viver uma vida na qual se experimenta um sentido. Você se apega ainda mais porque ela significa muito mais para você.

E, ainda assim, os contadores de histórias estão certos. Não fosse a realidade da morte e nossa vontade de processá-la abertamente como um fato, provavelmente não nos apegaríamos à vida de modo nenhum. Não tendemos a nos apegar às coisas até percebermos que elas nos serão tiradas.

A morte está a serviço de cada um de nós, dia após dia. De novo: sua realidade mostra um relógio que deixa claro nossos valores e cria um senso de urgência.

QUANTO TEMPO DE VIDA LHE RESTA?

Já estabelecemos que as histórias com um relógio tiquetaqueando aumentam a sensação de urgência para o herói. Quando se trata da história de sua vida, você só precisa saber quanto tempo tem em um relógio: quanto tempo você tem para viver? É uma pergunta intrigante. Mas é o relógio que você deve enfrentar para aumentar a tração narrativa que você experimenta em sua vida.

Quanto tempo mais você tem para viver? Quanto tempo mais até que os créditos apareçam em sua história?

Ninguém sabe exatamente quando vai morrer, mas, se fizermos alguns cálculos, podemos chegar a uma suposição razoável. O norte-americano médio vive até os 78,5 anos. Se você tem bons genes, dê a si mesmo uns cinco anos ou mais, mas, se as pessoas de sua família tendem a morrer mais jovens, tire cerca de cinco anos. Esse é o tempo que lhe resta.

Se você já passou dos 78,5 e se sente bem, está entre as pessoas que estão subindo a curva. Tenho toda a intenção de me juntar a vocês. Você pode até ter mais 20 anos. Os cientistas estão agora dizendo que as crianças que nascem hoje viverão até os 100. Minha avó viveu até os 96 anos.

No caso de você ter superado as expectativas, há uma chance de ter guardado seus melhores capítulos para o fim da história. Se ela tem ou não um grande terceiro ato, é claro que depende de você.

Independentemente de você ter 60 anos ou 6 meses, a vida o convida a viver uma grande história com o tempo que lhe resta.

Eu só insisto nessa realidade porque acredito que a contagem dos nossos dias nos beneficia. Como já disse, as apostas de uma história só são aumentadas pelo tique-taque de um relógio em contagem regressiva.

Quanto tempo ainda *lhe* resta?

Tome um momento e reflita sobre a idade que você terá ao morrer. Se for casado, qual será a idade de seu cônjuge quando você se for? Se tiver filhos, qual será a idade deles quando você falecer?

EXERCÍCIO QUESTÃO UM:

Eu provavelmente morrerei próximo dos _____ anos.

EXERCÍCIO QUESTÃO DOIS:

Se eu morrer aos _____ anos, isso significa que tenho apenas _____ anos para viver.

8

Um Bom Discurso Fúnebre Fala sobre Quem e o Que o Herói Amava

ETSY ME FEZ LEVAR para casa um cobertor de bebê do hospital na véspera de levarmos Emmeline. Ela tinha lido que, se você trouxesse para casa o cheiro do bebê e familiarizasse seu cachorro, ele saberia de alguma forma que a pessoa era segura. Não tenho certeza sobre tudo isso, mas sei que, quando trouxemos Emmeline pelo portão da frente, Lucy sentiu imediatamente que alguém especial havia voltado para casa. Ela desceu as escadas e ficou com as patas esticadas. Ofegante, sua cauda abanava como uma bandeira. Baixamos o banco do carro e Lucy cheirou os dedos dos pés de Emmeline, olhando para cima como se estivéssemos afirmando nossa realização. Os minúsculos braços de Emmeline balançavam reflexivamente em direção ao céu.

Lucy não tinha nenhuma dúvida. Ela havia protegido nós dois durante anos e podia lidar com mais um.

Sei que parece estranho dizer isso, mas espero que um dia Emmeline tenha um cachorro tão leal quanto Lucy. E espero que ela tenha amigos tão entusiasmados assim em vê-la. Enquanto embalo minha filha para dormir, minha primeira oração por ela é para que tenha a sabedoria de escolher bons amigos e a ambição de criar uma comunidade. Peço a Deus para dar a Emmeline pessoas bondosas, graciosas e sábias para estar junto dela, toda sua vida.

Uma boa história não diz respeito apenas ao herói. Diz respeito às pessoas que o herói ama, às pessoas que dependem dele, à vítima que ele vai resgatar. Histórias podem ser contadas por intermédio das lentes do herói, mas quase sempre tratam do que está acontecendo com um grupo de pessoas.

O próximo exercício que faremos na preparação para escrever nosso discurso fúnebre é considerar com quem estamos vivendo nossas histórias e para quem as estamos vivendo.

Depois de definir um projeto para trabalhar ou uma missão para participar, o outro elemento necessário de uma vida significativa, de acordo com Viktor Frankl, envolve a comunidade a que pertencemos e uma consciência geral do que acontece fora de nós.

Nas histórias, os heróis estão determinados a completar suas tarefas com e em nome de outros.

É uma característica dos heróis que suas ambições não sejam totalmente egoístas. Certamente eles vão obter alguma glória por sua realização, mas o fato de suas ações beneficiarem a vida de outros as torna mais significativas.

Com frequência, os roteiristas passam por enormes apuros para mostrar as conexões relacionais do herói. Conhecemos os pais do herói, sua irmã, seus amigos, seus filhos. Nós os vemos ter conversas profundas com seus entes queridos, resolvendo conflitos. E por quê? Porque torcemos por pessoas que se conectam profundamente com os outros e desconfiamos daqueles que não o fazem.

Quando nossas vidas consideram o bem-estar dos outros, nossas histórias melhoram.

Os vilões contrastam com os heróis nesse sentido. Vilões não têm amigos, têm subalternos. Eles se rodeiam de pessoas que fazem suas vontades por medo. Para os vilões, as pessoas são dispensáveis. Eles não as amam; eles as usam. Pode parecer que têm amigos, mas não têm. Amigos perdoam uns aos outros e lidam com os problemas. Vilões se livram de seus subalternos quando não os consideram mais úteis.

Sem dúvida, as pessoas são atraídas por vilões, mas não porque sentem neles um parceiro. O que atrai as pessoas é a proteção.

Na verdade, confundir força com segurança é a razão pela qual as pessoas se tornam subalternas de um vilão. Quando nos percebemos fracos e necessitados de uma pessoa forte para nos proteger, é mais provável que nos submetamos a um vilão e o sirvamos a fim de nos associar a essa força. Os subalternos acreditam que, se forem leais ao vilão, este lhes será leal. Quase nunca é assim. De novo: os vilões não se conectam intimamente com os outros. Eles os usam.

Na história original da Disney de Cruella de Vil, os roteiristas criaram a história terrível de Estella, uma garota órfã que, ao encontrar uma figura importante do mundo da moda, uma mulher malvada, tenta destruir seu império, revolucionando o mercado com seus belos desenhos.

Deve ter sido difícil contar a história de uma vilã histórica e ainda assim ter um público simpatizante e até mesmo solidário a ela. Mas os roteiristas foram hábeis. O primeiro truque foi criar um vilão ainda pior para que os crimes de Cruella não parecessem tão ruins assim. O segundo era rodeá-la de amigos simpáticos. Sua família órfã improvisada incluía Jasper e Horace e seu cachorro de estimação, Wink.

O interessante na história é que, quando a personagem revela seus instintos heroicos, ela é Estella e trata Jasper e Horace como iguais, até irmãos. Porém, quando ela revela sua vilania como Cruella, trata seus antigos amigos como engrenagens em uma máquina que gera vingança. Ela os trata como se fossem seus lacaios.

Se levado ao extremo, o público teria se virado contra Cruella. No entanto, numa tentativa de atrair o público de volta para seu lado, ela se arrepende de seus maus tratos e se reconcilia com seus amigos, tudo isso antes da cena final.

Em outras palavras, a característica que os roteiristas escolheram para diferenciar Cruella de Estella, a heroína da vilã, era como ela tratava seus amigos. Acho que isso é uma lição de vida para nós.

Essa indecisão entre o vilão e o herói é comum entre os poderosos. À medida que suas responsabilidades aumentam e eles se veem trabalhando com uma equipe cada vez maior, aumenta a tentação de usar os outros em vez de trabalhar com eles. Muitas celebridades foram derrubadas por antigos amigos que, de repente, tinham sido reduzidos a subalternos.

Os tipos de relacionamentos que temos em nossas vidas são importantes. Podemos ser tentados a usar outros em vez de nos conectarmos com eles, mas essas ações nos custarão caro. Embora muitos cenários tornem necessária uma cadeia de comando, os heróis e os guias se preocupam genuinamente com as pessoas com quem trabalham.

Ao escrever seu discurso fúnebre, você vai querer considerar os amigos e a família que deixará para trás.

Mas o que fazer se você não tem uma comunidade ampla para viver sua história?

Outro fator a ser considerado ao escrever seu discurso é a comunidade que você cria.

Se você pensar nisso, os relacionamentos e a comunidade estão incorporados ao tecido da vida por natureza. Mesmo o nascimento de Emmeline é uma reviravolta de trama projetada para forçar Betsy e eu a um intenso intercâmbio relacional entre nós e o bebê.

O que poderia ser mais revolucionário do que uma criança? De repente, na vida, não se trata tanto do que queremos, mas de manter vivo um ser vulnerável e indefeso.

Lembre-se, Viktor Frankl prescreveu a coletividade a seus pacientes para que experimentassem o significado. Quando vivemos com e entre outros, de alguma forma criamos mais oportunidades para experimentar a logoterapia que gera significado.

Sem dúvida, os relacionamentos são difíceis. Mas, quando algo é difícil, convida ao foco e à intensidade. As crianças são talvez o elemento mais poderoso na vida para nos tirar de nós mesmos.

Quando eu conversava com outros pais sobre o que esperar quando o bebê chegasse, suas descrições eram justificadamente confusas. Eles falavam de uma explosão de amor, mas também de explosões de cocô.

Na verdade, nas semanas desde que nos tornamos pais, as melhores descrições que posso dar sobre paternidade é como se afogar em amor. Os turnos noturnos e a falta de sono, o choro inconsolável e o medo que ela não esteja recebendo comida suficiente, ou que o quarto esteja muito frio, ou que ela não está respirando bem, levam a uma espécie de paranoia que é exacerbada quando combinada com a privação do sono. No entanto, você de alguma forma adora o processo, e quanto mais difícil ele se torna mais você está comprometido com a causa. Ter um filho é uma miríade de emoções contrastantes. É como se Betsy e eu estivéssemos flutuando pelas corredeiras do amor, nossas cabeças jogadas violentamente contra as rochas da alegria e da realização.

Confesso que, mesmo antes de nos tornarmos pais, outros pais me pareciam um pouco como viciados. Ficavam ali, segurando sua linda e pequena droga nos braços, acenando para nos juntarmos a eles. Seus olhos estavam vermelhos, os cabelos desgrenhados, os sorrisos largos.

É verdade, Emmeline fez de nós viciados como eles. Viciados felizes, exaustos, mal-humorados e temperamentais.

E, ainda, está tudo nos conformes. As relações, especialmente as íntimas e difíceis, contribuem para a qualidade de nossas histórias e para o profundo senso de propósito que procuramos.

Quando escrevemos nosso discurso fúnebre, é fácil pensar apenas em nossas realizações ou em nossos projetos, sem incluir as muitas pessoas que marcaram nossas vidas ou cujas vidas impactamos.

Lembrar do nosso cônjuge, filhos, amigos e colegas de trabalho dá um profundo significado a esse nosso discurso. Ele também nos lembra, ao realizarmos nosso ritual matinal, que as relações são importantes.

De novo: o segundo elemento da logoterapia de Viktor Frankl é "encontrar algo ou alguém" e, mais uma vez, com isso ele quer dizer compartilhar o foco de nossa vida com algo ou alguém fora de nós mesmos. Não podemos fazer isso assumindo o papel de vilão ou de vítima.

Na verdade, um bom argumento a se fazer é que um dos problemas com a mentalidade de vítima é que elas só pensam em si mesmas. É claro que as vítimas reais têm todos os motivos para isso: elas estão presas e sem saída. Mas nossa tendência de nos vermos como vítimas quando, de fato, não estamos vendo sentido em nossas vidas, não permite que nos conectemos em relacionamentos saudáveis.

Uma conexão saudável acontece quando duas pessoas entram em uma relação mutuamente benéfica. Se você tem algo que me faz feliz e eu tenho algo que o faz feliz, e nós trocamos essas coisas, a relação floresce. Mas, ao nos fazermos de vítima, recebemos mais do que damos.

Você provavelmente já experimentou uma dinâmica chamada "triângulo do drama de Karpman". Stephen Karpman é um psiquiatra que explicou o que acontece quando interagimos com alguém que se vê como vítima, mesmo que não o seja. A primeira etapa é quando a pessoa se posiciona como tal a fim de atrair um salvador. Em seguida, o salvador entra para se sentir bem ao ajudar uma vítima. Então, quando os recursos e a paciência do salvador se esgotam, ele começa a culpar e a perseguir a própria pessoa que tentava salvar.

Se você olhar sua vida em retrospectiva, provavelmente se verá tendo desempenhado todos esses três papéis. Independentemente disso, entrar no triângulo de Karpman torna difícil, se não impossível, uma relação saudável.

De novo: existem relações saudáveis entre pessoas que se descobrem mutuamente benéficas. Cada uma delas é poderosa por mérito próprio, dando à outra sua força e sua generosidade.

Uma vez escrevi em um livro que o amor verdadeiro não marca pontos. Admito agora que estava errado. Não é que todos nós devemos sair por aí marcando pontos, mas é verdade que, em relacionamentos saudáveis, você quer dar tanto quanto recebe, porque dar e receber cria um círculo virtuoso que constrói a intimidade.

Independentemente disso, os relacionamentos são uma parte crítica de uma história significativa. Sem eles, e sem cuidar deles, será difícil descobrir uma vida com significado.

UM HERÓI EM MISSÃO OBSERVA O MUNDO

Mas "outras pessoas" não é a única maneira de Frankl dizer que podemos experimentar a vida fora de nós mesmos. A natureza, em toda sua beleza, afasta nossa mente de nós mesmos e nos atrai para o mundo ao redor. E não apenas a natureza. A arte, tanto sua criação quanto sua apreciação, pode nos ajudar a sair de nossas cabeças. Boa comida. Boa música. Histórias que amamos. Todas essas são maneiras de nos envolvermos e apreciarmos "o outro".

Uma lembrança que guardo de meus anos de solteiro é a época que passei na Ilha de Orcas, em San Juans. Fui lá para terminar um livro. Era inverno; não havia turistas lá. Poucas pessoas vivem na ilha o ano inteiro, por isso me encontrei a maior parte do tempo sozinho. Meu tempo estava dividido entre escrever meu livro, andar de caiaque pela ilha e levantar cedo com Lucy para subir as colinas e capturar o nascer do sol com minha câmera. Embora eu estivesse certamente solitário, havia algo sobre sair intencionalmente para a natureza que aliviava a dor. O mundo era maior do que eu, maior do que meus problemas.

Até Lucy me ajudou a sair de minha própria cabeça.

Bem na casa dos trinta, solteiro e solitário, foi aquela cadela labrador que me ajudou a encontrar alguma sanidade e bem-estar. Apenas por ter uma criatura que precisava que eu estivesse em casa, que precisava passear, que precisava brincar e que precisava tirar sonecas, me lembrava constantemente que o mundo não era só sobre mim. Lucy me ajudou a aprender que sou uma parte interdependente de um organismo maior e vivo.

Ao dizer que precisamos nos interessar por outras pessoas e por coisas fora de nós mesmos, acredito que Frankl nos diz para encontrar algo na vida que amamos — algo que desperte um sentimento de admiração dentro de nós — e depois fazer com que seja um hábito diário se envolver no que quer que isso seja. "O outro" pode nos distrair de nossas tendências narcisistas mais moderadas.

Ler meu discurso fúnebre me lembra de que o envolvimento com outras pessoas e com outras coisas é importante.

É ao ler meu discurso fúnebre que me lembro de que não estou aqui apenas para construir um negócio, mas também para compartilhar a vida com os outros, apreciar arte, música e comida, e construir uma comunidade.

VOCÊ PODERIA CRIAR UMA COMUNIDADE?

Muitas vezes, as pessoas não estão satisfeitas com sua comunidade. Elas se sentem sozinhas ou simplesmente não têm afinidade com as pessoas ao redor. Porém, de novo: quando nos sentimos sozinhos, somos tentados a nos ver como vítimas, como se o destino tivesse determinado que devemos estar sozinhos. Mas isso não é verdade.

Algo que mais admiro nas pessoas é a capacidade de criar uma comunidade. Como eu já disse, a ambição de criar uma comunidade é a oração número um que faço por minha filha. Não estou falando em aderir a uma comunidade, embora isso seja uma coisa boa. Estou falando da arte de realmente criar qualquer espécie de comunidade que você queira.

Por que confiar no destino para ditar como é sua vida social? Por que não criar a comunidade de seus sonhos?

Quando era solteiro, abria minha casa para músicos que viajavam por Portland. E, embora eu vivesse no noroeste do Pacífico, acabei tendo uma comunidade incrível de músicos, a maioria dos quais vivia em Nashville. Em poucos anos, eu entretinha cinquenta ou mais convidados a cada ano, a maioria deles em turnê. Foi uma época divertida.

Quando Betsy e eu nos mudamos para Nashville, tínhamos uma comunidade integrada de pessoas com as quais nos preocupávamos e que se preocupavam conosco. Só abrir minha casa para cantores/compositores em turnê criou uma comunidade que ainda amo hoje.

Você pode criar uma comunidade por qualquer motivo e a qualquer momento. Não precisa pedir permissão.

Quer criar uma comunidade ao redor do jardim de seu quintal? Basta encontrar algumas famílias, oferecer-lhes um pequeno lote e escolher uma época para plantar tomates juntos.

Recomendo fazer com que a comunidade seja algo mais do que apenas sentar e conversar. Encontre uma desculpa para reunir as pessoas e elas virão. Algumas das ideias que Betsy e eu tivemos são de organizar uma noite de poesia ou de projetar um filme em nosso quintal. Quando Betsy e eu nos mudamos pela primeira vez para Nashville, convidamos palestrantes para vir e falar sobre o conflito israelense/palestino. Sem brincadeira: sem sequer conhecê-lo, convidei o governador para comparecer porque a mansão dele ficava no bairro ao lado. Ele veio! Literalmente, entrou pela porta, sentou-se e ouviu a palestra. Quão legal é isso?!

Mais tarde, recebemos um político local para responder a perguntas sobre questões que afetaram nosso distrito. Organizamos aulas de coquetéis e de culinária. Recebemos lançamentos de livros e festas de aniversário. Isso não importa. Basta reunir as pessoas para fazer alguma coisa e a magia acontece.

A COMUNIDADE ALIMENTARÁ SUA ALMA

A criação de uma comunidade pode acontecer assim que nos dermos conta de que temos a agência para fazer isso.

Há alguns anos, conheci Sarah Harmeyer, uma mulher que fundou uma empresa chamada Neighbor's Table [Mesa dos Vizinhos, em tradução livre]. Depois de anos perseguindo o sucesso profissional, ela percebeu que ter muito dinheiro e poder não iria satisfazê-la. O que a fazia feliz era sentar-se ao redor de uma mesa e compartilhar uma refeição com os amigos.

Ela também percebeu que não conhecia seus vizinhos. Olhou para as casas ao redor da sua e se deu conta de que não conhecia as histórias das pessoas que viviam mais próximas a ela.

Então pediu a seu pai que fizesse uma mesa para que pudesse convidar seus vizinhos para uma refeição. Seu pai, Lee, gostou da oportunidade. Ele havia se aposentado recentemente e procurava algo para fazer. Assim que Lee entregou a mesa, Sarah começou a cozinhar. Naquele ano, ela convidou mais de 500 amigos e vizinhos para jantar. Ela conta que foi um dos anos mais significativos de sua vida.

Querendo compartilhar a alegria, Lee e Sarah iniciaram a Neighbor's Table. Eles fazem, vendem e entregam mesas em todo o país para pessoas que se comprometem a conhecer seus vizinhos.

"Algumas pessoas pensam que estou no negócio de mesas", diz Sarah. "Mas estou no negócio de pessoas."

Hoje, a Neighbor's Table fabricou e entregou mais de 500 mesas.

Criar uma comunidade intencional leva tempo; contudo, o investimento compensa.

Pegando a deixa de Sarah, decidi criar mais uma comunidade que faltava na minha vida.

Há alguns anos, percebi que, como dono de uma pequena empresa, me sentia sozinho. Não havia muitas pessoas com quem pudesse falar sobre os desafios do desenvolvimento de uma empresa.

Decidi iniciar uma comunidade chamada "The Advisory Board" [O Conselho Consultivo, em tradução livre]. Basicamente, é um grupo de novos amigos que dirigem empresas de porte semelhante. Nos reunimos duas vezes por ano para nos divertir e compartilhar conversas sobre nossos desafios específicos.

Normalmente nos reunimos na natureza. Betsy me avisou antes de nos casarmos que ela "não acampa". Então, meus amigos e eu ou alugamos uma casa em uma falésia à beira-mar ou levamos motocicletas e quadriciclos para o deserto. Saímos em busca de surpresa e de admiração para que possamos estar mais fundamentados em significado quando voltarmos às nossas vidas.

É no deserto, sentado ao redor de uma fogueira, onde minha alma encontra alimento. Compartilhar minhas preocupações com os outros membros do conselho consultivo e saber que não estamos sozinhos em nossos desafios me permite voltar para casa mais forte.

Heróis em missão atraem heróis em missão. Quero viver com pessoas que buscam significado e o compartilham com seus amigos.

E, de novo, não são apenas de pessoas que precisamos em nossas vidas. É de arte e de natureza. Betsy e eu fazemos caminhadas regulares com Emmeline no Lago Radnor, contando as tartarugas que vemos tomando sol nos troncos. Fico imaginando que Emmeline aprenderá a contar nos ajudando a contar as tartarugas.

Não apenas isso, mas minha amiga Nita Andrews e eu estamos trabalhando na curadoria de um livro chamado *Poems for Children to Memorize* [Poemas para Crianças Memorizarem, em tradução livre], no qual imprimiremos 50 ou mais poemas que as crianças (e os pais) devem memorizar antes que tenham 17 anos. Se Emmeline quiser, pagarei uma recompensa por cada poema que ela memorizar. Espero que a experiência me custe muito dinheiro, e também a ajude a passar incontáveis horas pensando na beleza das coisas do mundo (e, principalmente, não pensar nas coisas feias do mundo).

Enquanto continuamos a considerar o que nosso discurso fúnebre vai dizer, precisamos dar uma pausa e fazer uma avaliação honesta de nossa experiência do outro. Criamos uma comunidade, ou simplesmente confiamos ao destino a nutrição tão importante de que precisamos?

Estamos tirando um tempo para apreciar a natureza ao nosso redor?

Estamos fazendo uma pausa para refletir sobre a arte e a música que servem para perpetuar nossa experiência humana coletiva?

Não esperemos que uma comunidade aconteça para nós. Vamos construir uma. E não nos esqueçamos de nos envolver nas artes e na natureza. Você descobrirá, mesmo que isso possa lhe custar alguma produtividade, que estar consciente da beleza ao redor contribuirá para um profundo senso de significado.

Para responder a estas perguntas de reflexão, liste os nomes das pessoas que você quer convidar para uma comunidade e as maneiras pelas quais lidará com o mundo natural e artístico fora de você.

EXERCÍCIO QUESTÃO TRÊS:

Onde você encontrará a comunidade? O que você criará ou juntará a você que vai incorporá-lo a uma comunidade de pessoas de quem você gosta e que se preocupam com você?

A que comunidades você vai aderir ou começar?

EXERCÍCIO QUESTÃO QUATRO:

Como você escolherá interagir com a natureza ou a arte e se ajudar a se tornar mais consciente do mundo fora de si mesmo?

Aonde irá e o que fará para experimentar mais natureza e arte?

Ao escrevermos sobre a comunidade que vamos criar ou aderir, e ao listarmos as formas como apreciaremos a natureza e a arte, nos lembramos, repetidamente, de que a vida não é sobre nós. Trata-se de compartilhar nossa experiência humana com as outras pessoas.

UM HERÓI COMPARTILHA AGÊNCIA
COM OUTROS PERSONAGENS

Ao começarmos a compartilhar nossas vidas com os outros, surgirá todo um leque de novos desafios. Incluir os outros em sua vida, sua visão e sua história não é fácil. Quando há outros envolvidos, temos que fazer concessões. Nossa história se torna menos sobre um herói individual e mais sobre um grupo de protagonistas em busca de sentido.

Antes de Betsy e eu nos casarmos, nenhum de nós teria sonhado em viver em 15 acres e administrar o que equivale a um centro de retiro informal. Betsy poderia preferir viver no bairro francês de Nova Orleans, ou talvez em Manhattan ou Paris. Ela queria poder caminhar até uma padaria. Queria compartilhar a vida com amigos que moravam na casa ao lado. Ela não queria montar um negócio ou, como revelado anteriormente, deitar debaixo das árvores em uma tenda de acampamento. *Não há carrapatos caindo do teto de uma padaria*, ela me lembrou.

Eu, por outro lado, gostaria de viver em uma ilha, de preferência em uma cabana com um fogão a lenha e um barco amarrado a uma boia ao largo de uma costa e ao som do mar profundo. Lucy e eu navegaríamos ao redor de San Juans, atracando apenas para comer ou assistir a um show ou a um jogo do Seahawks, esquecendo muitas vezes onde estaria exatamente nossa cabana para que tivéssemos que encontrar nosso caminho de casa à luz da lua.

Mas, com Betsy, eu não vivo a história que quero viver, e ela não vive a história que queria viver. Nós sacrificamos essas histórias. Agora vivemos a história que queremos viver. Nós dois nos tornamos algo diferente, algo com sonhos próprios, que são maravilhosos. Apesar de eu gostar da ideia de meus sonhos, prefiro os que acontecem quando Betsy e eu conectamos nossas histórias. Eu não trocaria a varanda da frente que compartilho com Betsy por um veleiro. Não trocaria a vista dela colhendo flores no jardim pela lua ondulando sobre a água. Nós dois nos comprometemos e descobrimos que *nossa* história é melhor do que a *minha*.

Dito isso, ainda acampo com meus amigos. E Betsy ainda visita cidades grandes e come em padarias.

Imagino como Emmeline mudará nossa história. Mal posso esperar para descobrir.

De novo: a ideia de que devemos compartilhar a vida, que devemos encontrar algo que chame nossa atenção fora de nós mesmos, é um elemento necessário para criar uma vida de significado. Segundo Frankl, se encontrarmos algo ou alguém fora de nós que reduza nosso foco interno, começaremos a experimentar ainda mais tração narrativa e nos tornaremos mais interessados em nossas próprias vidas. Para mim, isso costumava ser os rios e as montanhas. Agora, são mais os amigos e a família. Independentemente disso, é o outro que contribui para o senso de propósito que experimentamos todos os dias.

Quem ou o que o atrai para fora de si mesmo?

Em seu discurso fúnebre, fale sobre o que listou nos exercícios três e quatro; fale sobre sua admiração pelo mundo e pelas pessoas a seu redor.

Mas ainda não chegou a hora de escrever seu discurso. Uma boa história precisa mais do que uma ambição, uma comunidade e uma admiração pela natureza e pela arte. Ela também precisa de uma visão que exija risco.

9

Um Bom Discurso Fúnebre o Ajuda a Encontrar Tração Narrativa

GORA QUE SABEMOS que precisamos incluir outras pessoas em nossas vidas e/ou encontrar uma maneira de apreciar a arte e a natureza, o que vamos fazer? Que tipo de história podemos viver que nos exigirá expandir nosso escopo para que outros se envolvam? É hora de começar a sonhar com uma nova história.

Há ainda outro fator que é necessário para tornar nosso discurso fúnebre interessante (e para encontrar um significado na vida real desse mesmo discurso). Precisamos criar algo novo; precisamos trazer para o mundo uma realidade que não existia anteriormente. E, para fazer isso, teremos que aceitar nossa própria agência para efetuar mudanças.

O sinal decisivo de que aceitamos nossa própria agência é quando nos vemos como criadores, não apenas consumidores.

Os consumidores compram coisas que outras pessoas criam e/ou gostam dessas coisas ou reclamam sobre essas coisas. Os criadores, por outro lado, criam de fato as coisas que os consumidores consomem. Não estou falando apenas de produtos aqui, mas de histórias, aventuras e experiências da vida real.

Os criadores fazem coisas que antes não existiam. Criam empresas, pinturas e canções. Fazem até mesmo outras pessoas. Se existe uma característica única que diferencia o animal humano de outras espécies, é que o humano pode imaginar um mundo diferente e depois trabalhar para criá-lo.

Quando falo em criar algo, não estou falando apenas em criar algo grandioso e impressionante. Embora existam pessoas que constroem foguetes e vão ao espaço ou ganham medalhas olímpicas, o significado que obtemos ao criar algo épico e criar algo simples é o mesmo.

Na verdade, o maior significado que já criei na vida veio do nascimento de nossa filha. Como um cara que persegue um significado, isso foi surpreendente para mim. Pensei que o significado exigia enormes riscos e planos grandiosos, mas não. Simplesmente requer sonhar algo que não existe e trabalhar para que ele exista.

Emmeline não é, naturalmente, um projeto. E, tecnicamente, Deus a fez. Mas, quando a trouxemos ao mundo, criamos um novo tipo de casamento, um novo tipo de lar e uma nova maneira de ver o mundo. Como minha sogra nos disse quando o bebê nasceu: "Lembre-se, Emmeline não é um problema a resolver, é um relacionamento a construir."

Construir um novo relacionamento é um lindo ato de criação.

Com Emmeline, quero criar uma relação na qual eu seja um bom pai. Um pai divertido. Um pai criativo. Um pai presente. Um pai que perdoa. Um pai sábio. Essas coisas podem acontecer, mas somente se eu tiver o trabalho de fazer acontecer.

Há momentos em que me pergunto se Emmeline e eu teremos um relacionamento forte. Certamente, as coisas podem dar errado. Não consigo controlar o que ela sente por mim. Porém, ser ou não o tipo de pessoa com quem ela quer ter um relacionamento, na verdade depende inteiramente de mim. E isso é uma parte muito grande da equação.

Esse é outro motivo pelo qual a vitimização é um estado triste. O psicólogo Alfred Adler ensinou que, quando nos vemos como inferiores, como vítimas que não são desejadas ou necessárias, estamos escolhendo intencionalmente essa visão para nos proteger da possibilidade de nos machucarmos nas relações. Ele argumentou que deveríamos deixar de nos ver como vítimas e ter a coragem de arriscar nas relações interpessoais, com ousadia e humildade nos colocando lá fora a fim de criar a intimidade que precisamos na vida.

Tem havido muita oposição às teorias de Adler, afirmando que muitas pessoas têm traumas que as fazem ter medo nos relacionamentos. Isso é determinismo. Adler reconhece que o trauma nos afeta, mas acredita que ele só nos afeta porque oferece uma desculpa maior para nos refugiarmos na mentalidade de vítima e nos proteger de novos danos. A escolha de recuar, argumenta ele, é nossa. Nós não somos determinados por nosso trauma passado. Ele acredita que não temos que ser controlados pelas forças externas das experiências passadas, pois o passado não existe mais.

As ideias de Adler serão debatidas durante séculos, é claro, e, embora eu acredite que somos certamente afetados pelo trauma, não creio que o trauma tenha que ditar nosso futuro. Duas pessoas podem experimentar o mesmo trauma, mas suas respostas a ele determinarão seu futuro. O trauma não tem poder; a pessoa que experimenta o trauma tem poder. Acredito que as ideias de Adler são úteis no sentido de que elas devolvem a agência à vítima, a encorajando a ver sua dor como uma escolha que ela continua a fazer — dando assim poder à vítima sobre sua dor e ajudando-a na transição para uma mentalidade heroica em relação às suas circunstâncias. Afinal de contas, se nossa dor e nosso medo vêm de traumas passados, os traumas passados controlam nossas vidas e nossa agência continua fora de nós.

Isso faz você se perguntar se algumas de nossas tendências a vitimização não são escolhidas por nós mesmos.

Independentemente disso, se conectar é algo difícil para as pessoas que se autoidentificam como vítimas, pois, quando nos vemos como tal, temos dificuldade de acreditar que vale a pena nos conectar.

Freud pode ter dito "o trauma fez de você uma vítima" enquanto Adler diria "o trauma lhe deu uma desculpa para se ver como vítima e, como você teme relacionamentos, ser uma vítima lhe dá uma desculpa para não se conectar".

Os vilões têm ainda mais dificuldade para criar relacionamentos. É claro, eles acreditam que podem mudar o mundo, mas usam sua agência para criar um mundo em que os outros são fracos para que eles possam se sentir poderosos. Eles buscam vingança. Buscam o poder como uma demonstração de força para se defender dos inimigos. De novo: eles usam as pessoas em vez de se conectar com elas. No intuito de realizar sua visão pervertida, levam outros à submissão. Uma visão como essa, porém, não produz uma experiência profunda de significado porque não podemos controlar as pessoas e amá-las ao mesmo tempo. Para amar as pessoas, devemos deixá-las livres para decidir por conta própria se querem nos amar de volta. Vilões não assumem esse tipo de risco relacional. Têm muito medo de que as pessoas não serão leais a eles, então controlam aqueles que lhes são próximos e os usam para trazer um sentimento de autoproteção.

Heróis e guias lutam contra vilões trazendo mais luz do que escuridão ao mundo. Se os heróis tornam o mundo melhor mais do que os vilões o tornam pior, então o mundo melhora. Mas quanto mais os heróis escorregam na decepção de que são realmente vítimas, entregando sua agência a outros ou ao destino, mais terreno os vilões conquistam.

Apesar de desejarmos criar comunidade, intimidade, arte, um produto, uma empresa, um livro, uma ONG, ou qualquer outra coisa, teremos que aceitar nossa agência para isso. Nada mudará até que decidamos trazer algo novo para o mundo e confiemos em nossas habilidades dadas por Deus.

Então, dito isso, o que devemos querer? Quais são as características de uma visão que podem nos ajudar a experimentar um profundo senso de propósito?

Há outra verdade na história que é aplicável à vida: o herói deve querer algo específico.

Muitos de nós queremos *mais liberdade pessoal,* ou *mais tempo com nossos filhos,* ou de alguma forma sermos *ouvidos e compreendidos.* Embora tais coisas sejam nobres, elas não são suficientemente específicas para gerar tração narrativa.

Se eu o convidasse para deixar o trabalho de lado e assistir comigo a um filme sobre um "cara em busca de realização", você provavelmente recusaria. Um filme sobre um "cara em busca de realização" não soa tão interessante assim. Não está claro sobre o que o filme realmente é.

Se eu o convidasse para deixar o trabalho de lado porque outra filha de Liam Neeson havia sido sequestrada e podíamos vê-lo resgatá-la em uma matinê, seria mais provável você topar. Quando o herói quer algo específico, algo que o público possa realmente imaginar em suas mentes, o público fica mais propenso a experimentar a tração narrativa e continuar com a história até o fim.

A fim de nos convidarmos para uma história, então, a visão que temos para nossas vidas também deve ser clara e específica. Não será suficiente dizer que tenho a visão de ser uma "boa pessoa" ou de "construir uma comunidade". Essas afirmações vagas morrerão em nossos lábios. Em vez disso, construiremos uma mercearia na qual a população sem-teto de nossa cidade possa fazer compras de graça. Os moradores de Nashville Brad e Kim Paisley fizeram exatamente isso e sem dúvida experimentaram um profundo senso de propósito à medida que concebiam seu excitante plano e se sacrificavam para que isso acontecesse.

Mais uma vez, uma visão específica não é necessariamente uma visão grandiosa. Podemos convidar dez amigos íntimos para um retiro de golfe no qual criamos juntos nossos planos de vida. Podemos trabalhar com as crianças para construir um jardim e vender tomates no mercado agrícola local ou, até mesmo, na calçada em frente à nossa casa. Podemos começar uma comunidade de amigos pais/filhos que vão pescar todos os anos em Montana. Podemos começar uma comunidade de mãe/filha para ensinar política às jovens mulheres e mostrar-lhes como seria concorrer a um cargo um dia. Podemos criar um monte de enormes quadros de bingo, comprar binóculos e identificar duzentas espécies de aves em nossa região. A lista de coisas que podemos fazer com nossas vidas é imensa.

Após o assassinato de George Floyd, olhei à minha volta e percebi que havia construído uma empresa predominantemente branca. O negócio havia crescido tão rápido, que eu havia negligenciado a diversidade. Confessei que estava operando com um preconceito subconsciente. Mesmo assim, não queria apenas fazer um post no Instagram e fingir que me importava com o assunto. Em vez disso, comecei a formar um grupo de negócios cujos proprietários eram negros para poder conhecer a comunidade empreendedora negra em Nashville e fazer crescer nossa equipe por meio de amizades e de compreensão. Para dizer o mínimo, a experiência tem sido reveladora.

De novo: podemos querer coisas como realização, alegria, igualdade e amor, mas para conseguirmos essas coisas temos que entrar em histórias específicas.

Planos definitivos e específicos tendem a ser realizados, ao passo que afirmações vagas se dissipam ao vento. Por quê? Porque noções vagas e elusivas não nos ajudam a encontrar a tração narrativa. Quando somos vagos, temos problemas para nos concentrar em torno da questão da história que nos convida a entrar em nossas próprias vidas. Uma pergunta como "Vou expandir minha compreensão das artes?" não cria o tipo de tração narrativa de "Será que vou memorizar 25 poemas e ser capaz de recitar qualquer um deles a qualquer momento?".

A primeira pergunta é vaga enquanto a segunda é específica. A primeira não gera tração narrativa, mas a segunda gera.

Também não há problema em ter várias perguntas ao mesmo tempo. Afinal de contas, as histórias têm enredos e tramas secundários que funcionam em conjunto para tecer um fantástico conto geral. Se todas as tramas secundárias se encaixarem sob o enredo principal, você não ficará confuso demais com tantas ambições.

Neste momento, Betsy e eu temos algumas histórias em preparação. Temos tração narrativa (o que significa que estamos investindo e contribuindo para a resolução) quanto à construção de Goose Hill e a estamos usando para impactar positivamente o mundo. Essa história, a propósito, certamente tem a ver com fazer do mundo um lugar melhor, mas tem muito mais a ver com fazer algo divertido, intenso e significativo com nossa família. Emmeline crescerá pensando que é normal cultivar um jardim para que os hóspedes possam comer os tomates e pensará que é normal assistir a uma galeria de arte pop-up no quintal. E por que tais coisas não deveriam ser normais? Podem ser, então por que não torná-las assim?

Muitas pessoas lerão este livro e dirão que minha história é mais fácil porque tive sucesso financeiro. Isso é verdade, mas também é verdade que só tive sucesso financeiro porque escrevi uma visão para iniciar uma empresa e depois a realizei. As vítimas acreditam que outras pessoas podem fazer coisas que elas não são capazes de fazer. Como Alfred Adler ensinou, temos que ter cuidado para não gerar uma mentalidade de vítima em um esforço para nos proteger de tentar, ou, talvez, proteger-nos da frustração e da dúvida que envolve a tentativa de dominar algo novo. Além disso, não é preciso dinheiro para experimentar um profundo senso de propósito. É preciso ter visão. Tudo o que nos cabe é fazer uma visão acontecer e depois sonhar com outra. O que você vai descobrir é que os dividendos provenientes de viver histórias fantásticas se acumulam rapidamente.

De novo: a questão aqui é elaborar as visões específicas que você tem para sua saúde, sua carreira, sua comunidade e sua família. Quanto mais específicas elas forem, mais tração narrativa você criará e mais animado ficará para acordar de manhã e colocar um algo a mais na trama.

Qual é a visão que você tem para sua vida? Quais serão as "coisas que você fez" e que serão lidas por seus amigos e por seus familiares no discurso fúnebre?

Quando estiver feito, seu discurso será lido como um resumo da história de sua vida. E, mesmo que não esteja presente para ouvi-lo, você passa a ser a pessoa que a viveu. Todos os dias, escrevemos uma página que as pessoas irão ler algum dia. Não apenas isso, mas quão gratos serão seus amigos e seus familiares por tê-los envolvido em tantas dessas histórias? E quão gratos eles ficarão sabendo que, por você ter vivido histórias tão notáveis, os inspirou a fazer o mesmo?

MAS COMO SABER O QUE QUEREMOS?

Ocasionalmente, encontrarei alguém que não sabe bem o que quer. Pessoas assim sabem que querem aproveitar a vida, mas não têm certeza de como fazer isso. Que tipos de coisas devemos querer? O que possibilita uma grande ambição em nossas histórias?

A fim de ajudá-lo a encontrar tração narrativa, aqui estão três características de uma boa ambição.

1. A visão provavelmente deve envergonhá-lo.

Não faz mal ficar um pouco envergonhado quando você compartilha o que quer fazer com sua vida. Ter um pouco de vergonha significa que deseja fazer algo que outros podem pensar que você não é capaz de fazer. Ou pior, você quer fazer algo que ameaça o status quo de sua comunidade. Mas lembre-se, todos nós somos pessoas que podem se transformar em versões melhores de nós mesmos.

Lutar por uma ambição criativa leva, sem dúvida, a encontrar resistências. As pessoas querem que você permaneça em sua rota e não ameace a hierarquia tribal. Mas aqui está um segredo que aprendi anos atrás: depois da briga inicial por poder, geralmente consistindo de alguns comentários passivo-agressivos, todos aceitam a nova hierarquia. Para experimentar uma grande vida e realizar muito, você apenas tem que estar disposto a deixar algumas pessoas desconfortáveis por alguns minutos. Ou talvez alguns meses.

Seus amigos e seus familiares vão se acostumar com você e com as suas ambições. Como disse anteriormente, é verdade que outros motoristas costumam buzinar quando você muda de faixa. Deixe para lá. Eles vão parar após um minuto e então você ficará mais confortável na nova rota, aquela que o leva a lugares cada vez melhores.

Quem é você para querer algo tão grande? Mas, então, quem é alguém? Você não é qualquer um? Você não é alguém? Você não é um milagre ambulante de carne, pele e voz? Você não se fez. Deus o fez. Talvez Ele o tenha feito para viver uma história, não apenas ver outras pessoas viverem histórias chinfrins.

Se quisermos viver uma história que seja significativa, não podemos nos esconder.

Ainda ontem à noite, um amigo do meu pequeno grupo empresarial me chamou de lado após nossa reunião. Tínhamos todos lido nossos discursos fúnebres uns para os outros, todos significativamente emocionados com as visões que havíamos traçado para nossas vidas. Mas Shanera não leu o dela e, mais tarde, me disse por quê. A verdade é que ela queria escrever um livro. Queria mostrar ao mundo a beleza e o desafio de ser uma mãe negra criando crianças negras em um bairro branco de classe alta. Ela queria que seus amigos soubessem com que frequência seus filhos adolescentes são parados pela polícia. Queria que as pessoas que amava ouvissem sobre a vida em sua comunidade, mas de uma perspectiva diferente. Desejava expandir a compreensão do mundo de seus amigos para que fosse mais verdadeiro, mais relevante. O livro se chamaria *Brown Mamma Bear*. Ao ouvi-la, fiquei comovido. *"Shanera, há uma história aí"*, eu disse. *"O mundo precisa desse livro agora mesmo."* Ela olhou para mim, intrigada; parecia dizer: "Quem sou eu para contar minha história?" Mas, em nosso clima cultural atual, você não concorda que é imperativo que ela ofereça ao mundo sua perspectiva? A história dela seria um bom remédio para todos nós. Ela cicatrizaria alguns dos cortes que fizemos nos outros e nos impediria de fazer outros. E ajudaria outras mulheres como Shanera a saber que não estão sozinhas.

Não podemos deixar que um pequeno *quem sou eu para fazer X?* nos impeça de viver uma história emocionante que inspire as pessoas à nossa volta.

Se a visão que você tem de sua vida o constrange um pouco e o faz pensar que as pessoas vão dizer: "Quem você pensa que é para querer X?", então está em uma história que lhe dará um pouco de tração narrativa e contribuirá para seu senso de propósito.

2. A visão provavelmente deve assustá-lo.

Em minha equipe, temos um ditado: "Nadar além da arrebentação." Com isso, queremos ter certeza de que você está se expandindo como um profissional. Adoramos colocar pessoas em campanhas publicitárias, mesmo que elas não tenham experiência como publicitários. Adoramos entregar à nossa equipe de design ideias de software que eles não têm a certeza de que possam desenvolver.

Por que os membros da minha equipe precisam nadar além da arrebentação? Porque acredito firmemente que uma empresa de aprendizagem e desenvolvimento deve desenvolver seu próprio pessoal. E a única maneira de aprendermos é nos acostumar a uma habilidade que ainda temos que dominar até acertar.

Nadar além da arrebentação significa que estamos passando as ondas onde nossos pés mal tocam o fundo. De vez em quando sentimos areia nos dedos dos pés, mas na maior parte do tempo estamos flutuando — e um pouco preocupados de estarmos sendo sugados para o mar.

Construir uma casa, iniciar um negócio, fazer um discurso ou concorrer a um cargo são perspectivas aterradoras, mas só são aterradoras porque ainda não nos expandimos.

Não há outra maneira de um personagem se transformar a não ser tentando fazer coisas que não sabia ser capaz de fazer.

3. Deve ser realista.

Agora que o convenci a pular de um penhasco, pare.

Nossas histórias também devem ser realistas para que possamos verdadeiramente, ou pelo menos provavelmente, trazer nossa visão para o mundo real.

Se você quer ser um cantor country famoso, mas não sabe tocar violão, escrever canções ou cantar, não está susceptível ao sucesso. Se você tem 57 anos e quer ser um zagueiro na NFL, isso não vai acontecer.

Há uma diferença entre nadar além da arrebentação e colocar um sanduíche em um saco Ziploc, enfiá-lo na cintura de seu traje de banho e nadar em direção à China.

Não pense que ler este livro fará seus sonhos se tornarem realidade. Não fará. Este não é um livro de cânticos que você pode recitar para forçar o gênio a sair da lâmpada e conceder-lhe três desejos (embora tais livros pareçam vender bem).

A visão que você estabeleceu para sua vida pode realmente acontecer? Outras pessoas que têm suas habilidades básicas estão fazendo o que você quer fazer? Se a resposta for sim, isso é bom. Se alguém como você está fazendo, provavelmente você também poderá fazê-lo. E, se ninguém estiver fazendo, não deixe que isso o impeça caso a visão seja realmente alcançável. Seja o primeiro.

Existe uma grande visão que você quer realizar antes de morrer? Se sim, o que é? Se houver mais de uma, reflita sobre cada uma delas e escreva-as para poder incluí-las em seu discurso fúnebre. Eu dividi seu brainstorm de visão em categorias separadas na esperança de que isso ajude. Não é preciso, entretanto, ter uma visão para cada uma. Basta apresentar algumas ambições específicas que gostaria de realizar na vida e você estará a caminho.

EXERCÍCIO CINCO:

Termine as seguintes frases.

Algo que eu gostaria de criar para experimentar uma comunidade melhor é:

Algo que eu gostaria de criar para unir minha família é:

Algo que eu gostaria de fazer para me tornar mais saudável é:

Algo que eu gostaria de fazer para melhorar minha carreira é:

Algo que eu gostaria de fazer para me desenvolver intelectualmente é:

Algo que eu gostaria de fazer para ampliar minha compreensão da humanidade é:

10

Escreva Seu Discurso Fúnebre

AGORA QUE refletimos sobre quanto tempo nos resta para viver, o que queremos fazer na Terra e com quem queremos compartilhar nossas vidas, é hora de imaginar que tipo de história queremos viver.

A primeira tarefa do Plano de Vida do Herói em Missão é escrever seu discurso fúnebre.

Escrever seu discurso e depois revisá-lo em seu ritual matinal o beneficiará de quatro maneiras:

1. *Criar um filtro:* como seu discurso fúnebre incluirá ao menos um grande projeto no qual você trabalhou, ele proporcionará uma visão para sua vida. Essa visão criará um filtro que o ajudará a decidir como gastar seu tempo. Ter um projeto que exige que você aja o ajudará a experimentar um profundo senso de propósito.

2. *Criar comunidade:* como seu discurso fúnebre mencionará as pessoas com quem e para quem você vive sua história, ele o lembrará de permanecer ligado às pessoas que você ama. Estar ligado relacionalmente é um dos elementos que o ajudam a experimentar um profundo senso de propósito.

3. *Cumprir seus desafios:* saber que os desafios que você enfrenta a cada dia contribuirão para um mundo melhor

dá propósito e significado ao conflito que você encontra. Esses desafios o estão transformando em uma versão mais saudável e melhor de si mesmo. Tal perspectiva contribuirá para uma experiência mais profunda de significado.

4. **Gerar tração narrativa:** revisar seu plano de vida o ajudará efetivamente a realizar sua visão, criando uma dissonância cognitiva. Quando você compara o que sua vida deveria ser com o que é agora, sua mente gera uma espécie de tensão. Essa dissonância cognitiva motivará comportamentos que aliviam a tensão. A única maneira de aliviar a dissonância cognitiva é realmente se tornar a pessoa sobre a qual você está lendo.

SEU DISCURSO FÚNEBRE VAI EVOLUIR COM O TEMPO

Considere que o primeiro trecho de seu discurso fúnebre seja um rascunho. Seu plano de vida é projetado para ser editado; deve evoluir com o tempo. Não vamos considerar nosso plano de vida como um documento fixo que devemos obedecer. Eu reviso meu discurso e o mudo algumas vezes a cada ano, embora o tenha escrito pela primeira vez há quase dez anos. Lembre-se, este não é seu discurso fúnebre real; é uma ferramenta criativa que o ajudará a construir uma tração narrativa em sua vida e, também, a tomar decisões melhores.

Contudo, antes de escrevê-lo, aqui estão algumas sugestões que você vai achar úteis:

- **Mantenha-o curto:** você se sentirá tentado a ser prolixo, mas lembre-se de que o lerá como parte de seu ritual matinal. Se for muito longo, você se verá pulando essa reflexão e indo direto preencher o planner. Eu mesmo faço isso às vezes, mas tento não fazê-lo com muita frequência. Seu discurso fúnebre servirá como uma estrela-guia. Tire os olhos dela e as chances são de se desviar do caminho. Mantenha-o curto para que seja mais provável você fazer o trabalho que precisa ser feito: ajudá-lo a criar tração narrativa.

- **Deixe-o ambicioso, mas realista:** se você tem 50 anos e espera ganhar o ouro olímpico na equipe sérvia de rúgbi, seu discurso fúnebre não vai ajudá-lo a criar tração narrativa, pois não encontrará nada além de becos sem saída na vida real. A visão que tem para sua vida deve ser ambiciosa o suficiente para levantar uma questão importante da história (você vai fazer isso?) que não seja ilusória a ponto de ser simplesmente impossível. Dito isso, nunca pensei que me tornaria de fato um autor best-seller, dirigiria uma empresa ou me casaria com uma mulher tão incrível como Betsy. É provável que você seja capaz de realizar mais do que pensa, portanto torne ambiciosa a visão que tem para sua vida. Além disso, lembre-se, não importa se a visão de fato se tornar realidade. O significado é encontrado ao agir rumo a uma visão, não ao realizá-la. Quer você realize o que deseja ou não, encontrará sentido na tentativa.

- **Não se prenda a detalhes:** indicar a data de sua morte e listar as pessoas que vivem sem você é o material de um verdadeiro discurso fúnebre. Mas este não é um discurso fúnebre de verdade. Este exercício é sobre criar uma visão para sua vida que você ache convincente. Não se trata de nada além disso. Trata-se de um documento fictício no qual você viverá até que seja mais provável ele se tornar realidade. De novo: o ponto é a tração narrativa.

Não é necessário incluir tudo. Há muitos projetos e comunidades em que trabalho na vida não listados em meu discurso fúnebre. Essas coisas podem aparecer em minha visão de dez, cinco ou de um ano, mas não são necessárias nele. O objetivo do discurso fúnebre é a "direção geral" quando se trata da minha história. Criamos espaço para incluir mais projetos nas planilhas de visão e de estabelecimento de metas, as quais exploraremos mais adiante neste livro.

Não tem certeza do que incluir em seu discurso fúnebre? Aqui está uma breve lista de verificação de coisas passíveis de inclusão a fim de torná-lo suficientemente interessante para inspirar a tração narrativa que precisará para ter uma experiência de vida significativa:

- Em quais projetos principais você trabalhou e concretizou?

- Por que você os escolheu? Que mensagem tentava enviar ao mundo?

- Por quais causas você era apaixonado e como as defendeu?

- Em quais relacionamentos significativos se envolveu e o que essas pessoas significam para você?

- A que comunidades você pertenceu ou criou?

- Qual legado espera deixar?

- Como gostaria que as pessoas se sentissem a respeito delas mesmas depois que interagissem com você?

- Que desafios significativos superou?

- Qual é a única coisa pela qual deseja que os outros se lembrem de você?

- Que sabedoria pretende transmitir àqueles que vêm depois de você?

É claro que você não precisa incluir todos esses elementos. Seu discurso fúnebre lhe pertence. Tudo o que precisa fazer é escrever um parágrafo ou dois que o inspirem o suficiente para acordar pela manhã e acrescentar um pouco no enredo.

QUANDO E ONDE ESCREVER SEU DISCURSO FÚNEBRE

Se quiser fazer uma pausa para escrever seu discurso agora mesmo, fique à vontade. Considere essa tentativa como um rascunho. A tarefa propriamente dita deve ser alvo de um pouco mais de reflexão. Quando o HEM [Herói em Missão] é ensinado em uma oficina ou aula, à tarefa de escrever seu discurso é dada uma hora inteira para os participantes terem tempo de refletir. E, de novo, não se esqueça de que é um documento em evolução. Haverá momentos em que pensará em algo que queira fazer com sua vida enquanto estiver em uma caminhada ou tomando um banho. Edite e desenvolva seu discurso ao longo do tempo.

Muitas pessoas que criam o Plano de Vida do Herói em Missão reservam uma manhã ou mesmo vão a um retiro de fim de semana para ter certeza de ter tempo suficiente para refletir. Você quer pensar no seu discurso e no seu plano de vida como o esboço para um romance. Quanto mais tempo você gastar em seu esboço, mais fácil será escrever o livro.

Isso também se aplica a este processo: quanto mais tempo gastar com seu plano de vida, mais fácil será viver uma história interessante e experimentar um profundo senso de propósito.

Como é um discurso fúnebre do HEM? Aqui estão alguns exemplos, começando com o meu próprio:

DONALD MILLER

Donald Miller foi um marido amoroso para sua esposa, Betsy, e um pai sempre presente para sua filha, Emmeline. Sua prioridade número um na vida sempre foi sua família, e foi por isso que ele limitou seus períodos de viagem e trabalho para desfrutar de tempo com as pessoas que mais amava.

Don e sua família construíram uma casa chamada Goose Hill, na qual muitos amigos, familiares e convidados encontraram descanso e encorajamento. Don, Betsy e Emmeline adoravam praticar a hospitalidade e estavam sempre cercados de pessoas que trabalhavam para tornar o mundo melhor.

Goose Hill abrigou leituras de livros, piqueniques, pequenos concertos, campanhas de arrecadação de fundos, sessões de planejamento para iniciativas políticas bipartidárias, noites de jogos em família, palestras, grupos de poesia e muitas outras atividades que ajudaram as pessoas a descansar, lhes deram esperança e lançaram luz sobre ideias importantes que estão sendo trazidas ao mundo.

O princípio que guiou a vida de Donald Miller foi que o mundo melhoraria se os indivíduos aceitassem sua própria agência para viver uma história melhor e que todos os desafios poderiam ocasionar uma bênção. Ele sentiu isso como um chamado de Deus e escolheu servir a Deus unindo-se a Ele no processo de criação.

A empresa de Don, Business Made Simple, ajudou empresários a descobrir o que estava errado com seus negócios e lhes deu as estruturas simples de que precisavam para manter essas empresas em crescimento. Sua empresa certificou mais de 5 mil coaches de negócios e consultores de marketing para ajudar líderes empresariais a desenvolver suas empresas.

Antes de morrer, Don escreveu mais de vinte livros. Ele escreveu biografias, livros de negócios, romances e até mesmo um livro de poesia sobre a vida com sua família em Goose Hill.

Don deu a seus filhos amor, segurança e um exemplo a ser seguido. Como marido, Don apoiou sua esposa sendo um encorajador constante e nunca perdendo de vista que o presente que lhe foi dado era sua família.

Don nunca deixou que as histórias ambiciosas que queria viver viessem antes da história de amor que viveu com Betsy.

JOAN FREEMAN

Joan Freeman era conhecida por ensinar seus vizinhos a cultivar uma horta. Cada casa em sua rua recebeu um pequeno canteiro elevado no campo que fica ao lado de sua casa, e a cada estação ela visitava as famílias e as ajudava a planejar seu jardim de verão. Olhando para trás, porém, percebemos que ela tinha pouco interesse em jardinagem. Joan amava pessoas e gostava de ver o quanto eles cresciam a cada estação. Ela sabia que as pessoas, como as plantas, floresciam quando tratadas. A cada verão, estabelecia dias de trabalho nos quais todas as famílias se reuniam para compartilhar a carga de trabalho de cuidar do jardim.

Muitas das famílias em sua rua agora creditam a esses dias as profundas amizades que estabeleceram na vizinhança, e alguns pais até mesmo dão a Joan o crédito por criar o tempo tão necessário com seus próprios e ocupados filhos. A cada ano, na alta temporada, seu bairro desfrutava de uma festa na qual eram servidos os produtos da estação. Joan deixou seu marido de 37 anos e seus dois filhos adultos, que criaram hortas comunitárias em seus próprios bairros. Acima de tudo, Joan valorizava o tempo com a família e os amigos, as conversas valiosas, a alegria da comida fresca e a generosidade do trabalho árduo. Após seus serviços fúnebres na quinta-feira, o bairro dedicará a ela a horta comunitária com um letreiro e uma placa. A Horta Comunitária Joan Freeman será agora cuidada por uma diretoria composta por membros da família do bairro de Joan.

MATTHEW CORNELIUS

Matthew Cornelius deixa para trás um legado de família, amizades fantásticas e pescaria com isca artificial.

Por volta de seus 40 anos, Matthew e sua esposa decidiram deixar o emprego, vender sua casa e seus pertences e comprar um centro de retiro abandonado em Montana. Foi lá que Matthew começou a liderar viagens de pesca com isca artificial pelos rios locais, inserindo-se em grupos de executivos de empresas e organizações sem fins lucrativos que acreditava estarem mudando o mundo.

Centenas de pessoas expressaram suas condolências e recordaram longas conversas em barcos de pesca durante as quais Matthew, repetidamente, provou ser um excelente ouvinte e incentivador.

Matthew deixa para trás sua esposa e seus dois filhos, todos eles pescadores ávidos e cada um, por mérito próprio, um ouvinte e um incentivador fantástico.

SARA CARTER

Sara Carter arrecadou mais de US$1 milhão para a caridade ao correr mais de 25 maratonas.

Como treinadora na Harris High School, inspirou inúmeros alunos a fazer coisas difíceis por bons motivos.

Sara fez uma campanha publicitária local para cada corrida, passando pelo jornal da pequena cidade, organizando jantares, aparecendo para falar nas igrejas, e até mesmo fazendo sua apresentação no lar de idosos local. Em sua apresentação, ela destacava uma instituição de caridade local e apresentava sua rede de contatos para o trabalho que essas organizações estivessem fazendo. Em seguida, arrecadava dinheiro e participava da corrida, levando sempre consigo um corredor que ou trabalhava na instituição de caridade ou estava sendo beneficiado por ela.

Seu trabalho incansável promovendo o bem no mundo mudou toda uma comunidade. As organizações sem fins lucrativos começaram a trabalhar em rede umas com as outras e a compartilhar as melhores práticas. Os líderes da cidade passaram a trabalhar com instituições de caridade para aumentar seu alcance e suas capacidades. E a polícia local creditou uma queda no crime aos esforços de Sara para combater a pobreza.

Sara deixa seu marido e seus três filhos que foram substitutos para suas causas; todos eles correram múltiplas maratonas com a esposa e a mãe. Sua família pede, em vez de flores, uma doação para a fundação de Sara equivalente às doações de outros corredores para causas de caridade.

Esses discursos fúnebres são muito mais do que trabalhos criativos e reflexivos. Eles são estratégias narrativas. São planos. O que eu quero dizer com isso é que sua mente começará a se mover na direção definida por ele quase naturalmente. Quanto mais você ler seu discurso, mais dissonância cognitiva será criada em sua mente e mais você vai desejar resolver essa dissonância fazendo com que essas histórias aconteçam de verdade.

Obviamente, você pode editar seu discurso a qualquer momento para torná-lo mais realista, mais interessante e mais inspirador, ou mesmo para mudá-lo completamente. Se você ler seu discurso e isso o fizer se interessar por sua própria história, está fazendo isso direito.

Não se surpreenda se muito do que você escreveu em seu discurso fúnebre se tornar realidade. Quando eu tinha apenas 15 anos, um palestrante foi convidado a vir à nossa escola secundária e nos pediu para escrever uma carta a um amigo descrevendo como seriam nossas vidas 20 anos no futuro. Ele nos deu 20 minutos e eu escrevi rapidamente uma carta sobre tudo o que eu queria realizar. Cresci no Texas, onde os verões eram quentes, então decidi que desejava viver no Oregon, um estado que eu pensava fazer fronteira com o Canadá (fui reprovado em geografia, por incrível que pareça), e que eu escreveria livros best-sellers do *New York Times* e que seria dono do meu próprio negócio.

Dei essa carta a uma amiga e, sem brincadeira, 20 anos depois ela encontrou a carta em uma caixa em seu sótão. Sabendo que eu havia me tornado um autor best-seller, ela ligou para confirmar se eu realmente vivia no Oregon e tinha iniciado um negócio. E, você adivinhou, tudo tinha se tornado realidade.

Nessa época, eu só tinha uma vaga memória de ter escrito aquela carta, mas desde então passei a acreditar no poder de escrever sua visão. Não acredito que escrever uma visão para sua vida cria qualquer tipo de magia no universo, mas acredito que ela estabelece uma bússola geral para seu subconsciente. Então, quando você sai para o mundo, toma decisões que se alinham com a visão definida. Como resultado, progride em direção a seu objetivo.

Recentemente, um de nossos coaches de negócios, Tony Everett, levou o exercício do discurso fúnebre a um centro de detenção juvenil na Califórnia. Tony dirige uma organização chamada Pure Games, que usa o esporte para ensinar a construção de caráter nas escolas e nos centros de detenção. Ele me disse que, nesses centros, os jovens muitas vezes vêm de origens e dinâmicas familiares difíceis. A maioria delas em detenção juvenil, disse ele, foi abandonada.

Enquanto os jovens escreviam seus discursos, fiquei impressionado que cada um deles falava sobre como queriam ser bons pais, como seriam fiéis ao cônjuge e como estariam presentes para seus filhos. Era como se quisessem viver vidas que interrompessem o ciclo em que estavam inseridos:

> Mark sempre foi amoroso, carinhoso e engraçado. Foi um grande marido que fazia de tudo para fazer sua esposa feliz. Foi um pai ainda melhor, que daria o mundo a seu filho. Também um grande filho e neto, deixava sua família orgulhosa, fazendo-a sair das ruas e deixando um legado incrível. Tornou-se um dos maiores e mais conhecidos empresários e estabeleceu um negócio para que sua família continuasse mesmo quando ele morresse. Mark sempre soube como fazer alguém sorrir e ajudar os outros.

> E...

> Angel sempre foi um pai bom e amoroso, e um homem trabalhador e respeitoso. Sempre garantia que sua família tivesse comida e se sentisse segura. Ele também criou sua própria empresa e agora todos conhecem sua marca de

roupas. Angel sempre adorou passar tempo com sua família, brincando, rindo e visitando lugares como na época em que levou todos para o Havaí.

Fiquei emocionado ao ler esses discursos fúnebres porque provavelmente acontecerá a esses jovens a mesma coisa que acontecerá com você e comigo. Quando chegar a hora de tomar uma boa ou uma má decisão, lembraremos de nossa história, a história que definimos para nós mesmos, e nos perguntaremos se a cena que estamos prestes a viver pertence ou não à história.

E essa é realmente a essência, não é? Quando imaginamos nossa vida como um filme e começamos a tomar decisões que tornarão o filme mais significativo e mais interessante, construímos uma vida mais convincente. Quando nos perguntamos "Se um personagem de um filme fizesse isso, eu respeitaria esse personagem?" encontramos um nível mais profundo de sabedoria e nos preparamos para uma experiência de vida melhor.

O destino não tem que escrever nossa história, ao menos não toda ela. Nós dirigimos nossas próprias histórias. Estabelecemos a visão e adicionamos uma coisinha na trama todos os dias. Não temos que ser vítimas presas em uma história escrita de forma desapaixonada e por acaso. Se fizermos um plano e o revisarmos em um ritual matinal, somos muito mais propensos a viver uma vida plena e a experimentar um profundo senso de propósito.

Tome algum tempo e complete o primeiro exercício do Plano de Vida do Herói em Missão e o ritual matinal. Escreva seu discurso fúnebre.

Nas últimas páginas deste livro, assim como online no HeroOnAMission.com [conteúdo em inglês], você pode criar seu discurso e depois revisá-lo a cada dia como parte de seu ritual matinal. Ele é a principal ferramenta para ajudá-lo a gerar tração narrativa.

11

Elenque Suas Perspectivas de Curto e de Longo Prazos

ESPERO QUE A TAREFA DO DISCURSO FÚNEBRE tenha sido estimulante. Muitas vezes, apenas o estabelecimento de uma perspectiva pode lhe dar um senso de esperança, especialmente combinado com a crença em sua própria agência para realizar essa visão.

Muitas vezes, porém, escrever seu discurso fúnebre e estabelecer uma visão para sua vida o deixa se perguntando por onde começar. Você pode até sentir que ele foi ambicioso demais e que conseguir uma vida tão maravilhosa parece inalcançável.

Você não se sentirá assim depois de terminar a segunda tarefa do Plano de Vida do Herói em Missão: estabelecer visões de 10 anos, 5 anos e 1 ano.

UM HERÓI EM MISSÃO DÁ UM PASSO POR VEZ

Quando um contador de histórias sabe para onde deseja que sua história vá, ele planeja os momentos que aproximarão cada vez mais seu personagem da cena do clímax.

Enquanto leva a história adiante, no entanto, um escritor tem que ter cuidado para não "perder o enredo". Em outras palavras, a história tem que ser sobre alguma coisa e a melhor maneira de fazer isso é não torná-la sobre mais nada.

Escrever bem não é um exercício de adição; é um exercício de subtração. Os grandes escritores contam grandes histórias porque sabem o que devem deixar de fora.

Todos já assistimos a um filme ou dois cujo enredo se perdeu. No início, há um herói que quer algo, mas meia hora depois o filme foca outro personagem, depois outro, e a história não volta ao primeiro. Em seguida, achamos que os personagens secundários não são confiáveis e talvez até antipáticos, e nosso cérebro se cansa de ter que prestar atenção a tantas variações de enredo. E, então, nos vamos.

Normalmente, a história deixou de ser interessante porque o escritor começou em um certo caminho, mas depois teve uma "grande ideia" que levou a história em uma direção diferente. Depois, ele simplesmente não conseguiu editar algumas dessas "grandes cenas", apesar de não servirem à trama original.

Na escrita, há um ditado apropriado: "Mate seus queridos." É um lembrete de que não importa o quanto você gosta de um personagem, uma cena ou uma linha da história, se não servir ao enredo, tem que ir.

De novo: a vida às vezes pode parecer uma experiência de estar sentado em um cinema assistindo a um filme que é tudo menos coeso. Várias vezes por ano, me encontro em situações que não servem ao enredo que determinei para minha vida. Ou viajei para outra cidade a fim de participar de uma reunião que outra pessoa achava que eu "não podia faltar", apenas para perceber que, enquanto as pessoas com quem estou trabalham em algo interessante, aquilo não tem nada a ver com a mudança que tento trazer ao mundo; ou, pior, me pego mergulhando em um projeto porque queria agradar alguém ao custo de perder a tração da minha própria história.

Independentemente disso, saber sobre o que será nossa história e escrever um discurso fúnebre para se lembrar dela não basta para garantir que manteremos o foco.

O que precisamos são de pequenos passos. Precisamos escrever algumas cenas que nos puxem para dentro da história e garantam que ela está tentando sustentar o tema que determinamos para nossas vidas.

Claro, não podemos controlar tudo, nem devemos. A vida muitas vezes nos dá a oportunidade de experimentar algo mágico. Se formos muito controladores sobre as histórias de nossas vidas, podemos perder essas experiências. Às vezes, o destino nos atrasa. Mas só podemos ser gratos pelo atraso se ele nos ajudar a chegar aonde queremos ir.

Para ajudá-lo a chegar aonde quer ir, incluímos três planilhas que lhe permitirão transformar sua visão de longo prazo em fases curtas e de fácil execução.

Embora nosso discurso fúnebre seja uma grande ferramenta de centralização, muitas vezes parece que estamos nos projetando tão longe no futuro que podemos também descrever outra pessoa. Mas, quando criamos uma visão que é limitada a 10 anos, 5 anos e 1 ano, temos uma direção na qual podemos viver nossas vidas que se alinha com a visão de longo prazo que criamos em nossa tarefa do discurso fúnebre.

JÁ QUE VAI SE TRANSFORMAR, MELHOR IR NA DIREÇÃO CERTA

Antes de Betsy e eu nos mudarmos para Goose Hill, morávamos em uma pequena casa que não dispunha de um bom escritório. Decidi construir um galpão no quintal que poderia usar como um retiro para escrever. Era um quarto minúsculo, sem banheiro ou água corrente. Havia lá uma escrivaninha, uma cadeira e uma estante. E logo se tornou meu lugar favorito.

Escrevi alguns livros naquele galpão. Por fora, prendi treliças ao tapume e ao redor das janelas fazendo uma moldura. O galpão inteiro parecia uma gaiola feita de arame de primeira.

Ao redor do fundo do galpão, plantei Jasmim Carolina, uma trepadeira de rápido crescimento e forte, que produz flores amarelas na primavera e no outono. Ao longo dos anos, podei as trepadeiras e as acostumei a crescer nos aramados. Em poucos anos, o galpão parecia uma grande caixa verde feita de folhas e de flores. As trepadeiras até conseguiram entrar. O Jasmim perfurou a madeira, o forro e ao redor da janela e desceu as cortinas atrás da mesa. O galpão era lindo de se ver e eu gostava porque me lembrava de que coisas saudáveis crescem.

Você e eu somos como o Jasmim Carolina. Com o passar dos anos, nos transformamos e esperamos crescer em uma versão melhor de nós mesmos. Mas, assim como o jasmim ao redor do meu galpão, se não exercitarmos nosso crescimento, nos desenvolveremos em direções diferentes. Se não decidirmos a direção em que nossas histórias serão vividas, podemos viver em meio à confusão e sufocar outras plantas no jardim, rasgar os muros de nossas vidas ou permanecer no chão. Tudo porque nunca encontramos algo para nos agarrar e escalar.

Os exercícios de perspectiva de 10 anos, 5 anos e 1 ano são como essas treliças: quanto mais cuidado você tiver para determinar a direção de seu crescimento, mais provável será que sua vida tenha o aspecto que deseja quando sua história terminar.

AS PLANILHAS DE PERSPECTIVA DE 10 ANOS, 5 ANOS E 1 ANO

A segunda tarefa do Plano de Vida do HEM é preencher as planilhas de 10 anos, 5 anos e 1 ano.

As planilhas de perspectiva são iguais. Comece com a de 10 anos e retorne para a de 1 ano.

É provável que, ao preenchê-las, você ache que o que pode ser feito em 10 anos é considerável, mas, quando preencher as de 5 anos e de 1 ano, pode perceber que foi muito ambicioso.

Ao chegar à planilha de 1 ano, se dá conta de que viver uma grande história requer ação imediata. É esse sentimento de que precisa tomar medidas imediatas em sua vida que criará a tração narrativa que procuramos. A verdade é que, para viver uma boa história, teremos que fazer progressos quase todos os dias. Caso contrário, o destino assumirá o controle. E, lembre-se, o destino não conspira por você e não conspira contra você. Simplesmente acontece. Você, por outro lado, tem uma vontade e pode afetar como será seu futuro.

Enquanto o discurso é um exercício de sonho e esperança, essas planilhas são mais práticas. A fim de fazer um sonho se tornar realidade, temos que pôr a mão na massa. Elas o ajudarão a saber qual é o trabalho que precisa fazer.

As planilhas de perspectiva são assim:

Meu Plano de Vida Perspectiva de 10 anos

Se fosse feito um filme sobre sua vida neste ano, como se chamaria?

_____

Idade

_____

Carreira

- _____
- _____
- _____

Saúde

- _____
- _____
- _____

Família

- _____
- _____
- _____

Amigos

- _____
- _____
- _____

Espiritualidade

- _____
- _____

- _____
- _____

2 coisas que tento fazer todos os dias

- _____
- _____

2 coisas que não faço

- _____
- _____

O tema central de minha história neste momento é

_____

Após terminar este capítulo, você pode criar suas perspectivas de 10 anos, 5 anos e 1 ano. Ou pode terminar o livro e depois criar seu plano de vida inteiro em um processo focado. Pode usar as últimas páginas deste livro, imprimir uma versão maior do plano de vida e do planner diário, ou juntar-se à comunidade e usar o software online em HeroOnAMission.com [conteúdo em inglês].

De novo: as planilhas de 10 anos, 5 anos e 1 ano são as mesmas. Você simplesmente completará a mesma tarefa três vezes.

Ao terminar, você terá quatro páginas de material para revisar em seu ritual matinal. Primeiro, lerá seu discurso fúnebre, depois revisará suas planilhas de 10 anos, 5 anos e 1 ano.

A revisão dessas páginas, bem como de sua página do planner diário, aumentará a tração narrativa que você experimenta na vida. Você acordará dia após dia mais e mais interessado em sua própria história.

Para ajudá-lo a realizar esse exercício, dividirei cada seção. De novo: as três planilhas são todas iguais, portanto, uma vez tendo preenchido a de 10 anos, avance e faça o mesmo exercício para as de 5 anos e de 1 ano.

A seguir, explicarei as diferentes partes das planilhas.

QUAL É O TÍTULO DE SEU FILME?

Se fosse feito um filme sobre a sua vida neste ano, como se chamaria?

Cada planilha de perspectiva recebe um título de filme. Há algumas boas razões para eu pedir que você crie um título de filme para as próximas três fases de sua vida. A primeira é para lembrá-lo que sua vida é uma narrativa que avança no tempo e que deve ser sobre algo. A segunda é porque, não diferente de seu discurso fúnebre, o "título" de sua história ajudará sua perspectiva a ganhar vida em sua imaginação.

Ao escolher o título para cada uma de suas planilhas, imagine sua vida daqui a 10 anos, daqui a 5 anos e daqui a 1 ano. Depois, invente um título de filme fictício que descreva essa pessoa e quem ela se tornou.

Lembre-se, você está olhando para o futuro. Você pode não ser hoje a pessoa que quer ser, mas precisa mirar um ponto no horizonte para seguir; caso contrário, não saberemos em que direção nos transformar.

Meu título de filme com 10 anos de perspectiva é *O Líder Destemido*. Escolhi esse porque quando criança minha mãe pendurou uma placa na parede do meu quarto que explica o significado de um nome. Sob "Donald Miller" estavam as palavras "O Líder Destemido". Ainda me lembro de ter olhado para aquela placa, convencido de que eles tinham se enganado. Eu era tudo menos um líder e tudo menos destemido. Mas, ao longo dos anos, continuei a aproveitar as oportunidades de liderança porque sentia que deveria me tornar um líder destemido.

Às vezes, acho que eles simplesmente colocam o que querem nessas placas para enganar as crianças a fim de que elas façam algo de suas vidas. Se for esse o caso, fico grato. Acreditar que deveria me tornar um líder destemido moldou minha vida inteira porque me levou a procurar e a assumir cada vez mais responsabilidades de liderança.

Ainda assim, tenho algumas transformações a fazer. Para atingir meus objetivos na vida, terei que desenvolver ainda mais coragem. Criar uma família, construir uma empresa e até mesmo escrever mais livros significa que tenho que continuar a acreditar em minha própria voz e que minhas ideias são importantes.

De certa forma, todo herói em missão deve se transformar em um líder destemido.

Meu título de filme de 5 anos é *Construindo um Legado*, porque estou percebendo cada vez mais que não posso levar minha história comigo; tenho que deixá-la com Emmeline e Betsy. Quero que elas tenham um forte senso de identidade positiva na família que ajudaram a criar e quero fazer minha parte.

Meu título de filme de 1 ano é *Focado em uma Base Sólida*, porque há mais distrações em minha vida do que nunca e, no entanto, o que farei no próximo ano será a fundação para os próximos vinte. Há muito conteúdo para minha empresa que precisa ser criado. Durante os próximos 12 meses, preciso trabalhar pesado. Mais especificamente, preciso trabalhar pesado nas coisas certas.

No meu caminho para me tornar um líder destemido, terei que passar por algumas outras histórias e referências em minha transformação pessoal. Terei que me manter concentrado e começar a trabalhar, e terei que construir um legado com as pessoas que amo. As planilhas de perspectiva e os títulos das histórias me guiarão, assim como as treliças em meu antigo galpão de escrita guiaram as trepadeiras.

Decidi o rumo que desejo seguir. Na medida em que posso controlar minha vida e aceitar minha própria agência, me transformarei nas três planilhas que construí.

ANOTE SUA IDADE
E CRIE PRAZOS CURTOS

A próxima caixa em sua planilha lhe dá espaço para anotar a idade de 10 anos, 5 anos e 1 ano a partir de agora.

É estranho olhar para minha planilha de 10 anos e ler o número "59". Quando somos crianças, pensamos que crianças nascem crianças e velhos nascem velhos. Dificilmente se processa o fato de que ficaremos mais velhos. A verdade é que as páginas de nossas histórias estão sendo folheadas em direção ao final, quer escrevamos ou não algo de bom nelas. Perceber que o relógio está correndo na sua história é uma parte difícil, mas bela, do crescimento. Reconhecer que nossas histórias um dia terminarão torna mais urgente a necessidade de agir.

Quando escrevemos a idade que teremos em 10 anos, 5 anos e 1 ano, aceitamos mais plenamente a verdade: as páginas em branco de nossa história estão virando, e temos a capacidade de escrever algo interessante sobre elas. Isso se torna especialmente verdade no dia em que você acorda e o número em sua folha de 10 anos está a apenas 9 anos de distância! O relógio está de fato correndo.

Ao rever seu plano de vida no ritual diário, ler quantos anos você terá em 10 anos, 5 anos e 1 ano aumenta o efeito psicológico do tique--taque de um relógio que criará mais tração narrativa em sua história.

EXPLORE AS TRAMAS SECUNDÁRIAS E VOCÊ CONTARÁ UMA GRANDE HISTÓRIA

Outra área na qual as planilhas de perspectiva ajudarão é identificar as tramas secundárias em sua história geral e extrair delas os pontos que colaboram para obter o melhor resultado possível.

Tramas secundárias mantêm a história em um ritmo rápido o suficiente para que o público não perca o interesse.

Quando você assiste a um filme, pode pensar que está assistindo a uma história. Mas não está. Na verdade, o que realmente se assiste é uma série de contos costurados juntos por um enredo abrangente.

Por exemplo, se o enredo da história é sobre um cara que quer correr uma maratona, pode haver uma trama secundária sobre sua carreira e como ele se sente intimidado pelo chefe "sarado" que o repreende pelo pneu sobressalente ao redor de sua cintura. Pode haver uma sobre a namorada que espera há anos por um anel e começa a pensar que ele é um aproveitador. Também poderia haver outra sobre como ele criou laços com o pai por causa de cachorros-quentes e jogos de futebol durante anos, mas agora tem que fazer uma mudança que poderia romper esse vínculo.

Tramas secundárias são boas enquanto contribuem para a trama em geral.

Seu discurso definiu a trama geral de sua história de vida, contudo suas tramas secundárias funcionarão como contos dentro dessa trama. Elas darão à sua história a diversidade necessária para que permaneça interessante.

As planilhas definem algumas tramas secundárias que a maioria de nós tem em comum.

Carreira	Saúde
• _____ • _____ • _____	• _____ • _____ • _____

Família	Amigos
• _____ • _____ • _____	• _____ • _____

Espiritualidade

• _____   • _____
• _____   • _____

Estabelecer tramas secundárias em sua história o ajudará a compartimentar suas ambições para que conheça os diferentes projetos que acontecem em várias áreas de sua vida.

Em minha trama secundária de carreira, por exemplo, estabeleci metas financeiras para minha empresa. Incluí também os vários livros que estou escrevendo e até os "projetos paralelos" com amigos.

Na categoria de metas físicas, gostaria de poder pedalar 160km novamente em um único dia. Para metas familiares, escrevi que queria estar presente e fazer uma boa parte do trabalho que é preciso para criar uma criança. Incluí também que me tornaria um excelente cozinheiro, que é um hobby com o qual me entusiasmei recentemente.

Meus objetivos comunitários envolvem o aprofundamento da comunidade do conselho consultivo que iniciei, e continuar a sediar eventos em Goose Hill.

Meus objetivos espirituais giram em torno de minha rotina matinal. Durante esse ritual, dedico tempo para rezar por Betsy, Emmeline e meus amigos íntimos.

Cada uma dessas tramas secundárias é realmente uma história própria. Mas, como todas se encaixam na narrativa geral da minha vida (que é ajudar as pessoas a criar e viver histórias melhores), isso parece fazer sentido. Certamente, há momentos em que fico muito ocupado.

Mas estar muito ocupado é suficientemente fácil de administrar. É estar muito ocupado na direção errada que me deixa bem infeliz.

Manter minhas tramas secundárias alinhadas com minha missão geral de vida me salva de viver uma história que perdeu seu enredo.

UM HERÓI SE TRANSFORMA AO AGIR

Até agora, nossas planilhas de perspectiva têm sido sobre sonhar e planejar. Todavia, em uma história, o herói tem que agir. Não há muitos filmes a respeito de duas pessoas sentadas em uma mesa falando sobre a vida. Um público precisa ver movimento físico para continuar interessado na história.

Também na literatura, você encontrará grandes escritores que usam uma linguagem ativa, vinculada a verbos de ação. Os personagens *jogam* os lençóis e *deslizam* em seus chinelos, *gritam* com a água fria do chuveiro antes de *vestir* as calças, *apertam* o cinto e *dão um gole* no café, *esbarram* na porta enquanto *levantam* a mão para pedir um táxi.

Nas histórias e na vida, os personagens devem agir. Eu sei que este é um livro e é provável que o esteja lendo sentado, mas espero que, quando terminar, comece a se mover em sua missão com força.

Não nos transformaremos pensando e sonhando. Nós o faremos agindo.

No fim da planilha, incluí um espaço no qual você pode anotar duas ações que se comprometerá a fazer todos os dias. No meu caso, comprometo-me a me exercitar por pelo menos 20 minutos e a escrever algo todos os dias.

É claro que você também relacionará as ações a tomar em suas listas de tarefas e compromissos. Você as escreverá no planner diário que lhe apresentarei em breve. Mas ter duas ações que você fará todos os dias garante um movimento consistente em uma direção positiva.

As ações que você procura realizar devem ser simples de executar, repetitivas e, o mais importante, fundamentais. Por fundamental, quero dizer que as ações que você irá tomar serão as primeiras pedras em uma fileira de dominós. Se eu me levantar cedo e escrever todos os dias, isso significa que terei realizado meu trabalho fundamental. Mesmo que eu escreva somente alguns parágrafos, a ação consistente e diária significa que, quando meu funeral chegar, terei escrito mais de vinte livros, que é a perspectiva que anotei em meu discurso fúnebre.

Não apenas isso, mas as ações que estou realizando para avançar têm um efeito dominó em outras áreas da minha vida. Por exemplo, ao levantar cedo para escrever, é mais provável que eu pule aquele copo de uísque na noite anterior e tenha uma noite de sono melhor. Na verdade, depois de definir a ação diária de me levantar para escrever, quase parei de beber por completo. Isso beneficiou meu sono, minha saúde e minha escrita. Em outras palavras, se eu me levantar cedo e escrever todos os dias, minha vida inteira se acomoda em um ritmo saudável.

Exercitar-se é igualmente eficaz. Apenas 20 minutos de exercício intenso por dia (eu ando pelas colinas de Goose Hill e nado) me deixa mais saudável, mas também me dá mais 20 minutos para refletir (tenho minhas melhores ideias enquanto ando) e é mais provável eu me alimentar melhor porque fico com preguiça quando a caminhada não é divertida. Isso também garante que cuidei do meu coração naquele dia e viverei um pouco mais com Betsy e o bebê.

Confesso que sou muito mais coerente com a escrita do que com o exercício. Escrevo cerca de cinco dias por semana e faço exercícios entre duas a três vezes por semana. Independentemente disso, me faço favores enormes. Embora eu queira fazer tais coisas todos os dias, o fato de fazê-las várias vezes por semana me coloca muito à frente do ritmo que teria mantido se não tivesse determinado duas ações diárias.

Se você pular alguns dias e começar a se sentir culpado, seu plano de vida se tornará uma ferramenta que o envergonhará e será inútil porque provavelmente o fará desistir. Em vez disso, se perdoe, permita que as tarefas diárias estabeleçam uma direção, e tente ir nessa direção o maior número possível de dias. Um plano de vida não deve julgá-lo; deve guiá-lo e até mesmo encorajá-lo.

Quais são as duas ações que gostaria de fazer todos os dias que organizarão e estruturarão sua vida para melhorar a chance de alcançar a perspectiva a que se propôs em seu discurso fúnebre?

Reserve um tempo para decidir duas coisas que você tentará fazer todos os dias e as inclua em suas planilhas de perspectiva.

Se você quiser que essas ações evoluam com o tempo, elas podem se tornar cada vez mais ambiciosas nas planilhas de 5 e 10 anos. Por exemplo, este ano você pode querer fazer uma caminhada diária, mas daqui a 5 anos pode estender para 5km por dia.

Ao revisar suas planilhas, saberá que as caminhadas que você faz precisam evoluir para corridas.

2 coisas que tentarei fazer todos os dias	2 coisas que não faço
• _____ • _____	• _____ • _____

UM HERÓI TAMBÉM SE TRANSFORMA
AO DECIDIR O QUE *NÃO* FAZER

Tão importante quanto tomar uma atitude é a contenção. As planilhas de perspectiva lhe perguntam que atividades ou ações insalubres você não realizará mais.

As duas coisas que decidi parar de fazer foram comer doces e falar das pessoas de uma maneira depreciativa.

Se não como açúcar, me sinto melhor, escrevo mais palavras, fico mais presente em conversas importantes e fico mais saudável. Se não falo das pessoas de uma maneira depreciativa, mesmo que elas aparentemente mereçam, sou mais positivo e não me sinto um hipócrita por falar de alguém pelas costas.

Essa é uma das maneiras de limitar o tempo que o vilão dentro de mim gasta no palco. Vilões espezinham seus inimigos e rebaixam os outros como forma de se sentirem poderosos. Quero evitar esse comportamento o máximo possível.

Há coisas na vida que você simplesmente se recusa a fazer? Seus valores se refletem em suas ações?

As ações que não tomo provaram ser tão ou mais eficazes do que as ações que tomo. Embora eu tenha um forte viés em direção às ações, na verdade eu diria que foi a restrição que mais mudou minha vida. Quero falar das pessoas de uma maneira positiva. Certamente há pessoas ruins por aí cujos atos malignos merecem ser revelados em um esforço para avisar os outros. Mas, na maioria das vezes, a vida corre melhor quando escolhemos ver o melhor nos outros.

Independentemente das duas coisas que você escolhe fazer todos os dias e das duas áreas que escolhe restringir, a ideia aqui é começar a agir para se tornar uma versão melhor de si mesmo. Quando um herói vive o desafio que lhe é apresentado, começa a se transformar. Para realizar as coisas que você escreveu em suas planilhas, terá que se tornar uma pessoa completamente diferente.

Como disse anteriormente, vítimas e vilões não se transformam. Uma vítima pode ser resgatada, mas não se transforma. E um vilão é, no fim da história, a mesma pessoa covarde que era no início. É o herói em missão que se transforma.

UM HERÓI NÃO TEM TEMPO PARA NIILISMO

O maior benefício de criar seu plano HEM é que ele o salvará de uma vida que parece sem sentido.

Quanto mais você revisar esse plano, mais evitará o vácuo existencial do qual Viktor Frankl nos adverte.

Você nunca verá um herói em ação olhar para a câmera e dizer: "Estou entediado."

Os personagens de Denzel Washington, Matt Damon, Gal Gadot e Liam Neeson estão muito ocupados tentando salvar o mundo para ficarem entediados.

Os niilistas acreditam que a vida não tem sentido e que não há motivo para se levantar e fazer mudanças. Mas ache-me um niilista e eu lhe mostrarei uma pessoa que ficou entediada com a vida. Eles não têm uma perspectiva. Não têm um locus de controle interno. Eles não aceitam sua própria agência.

A verdade? Os niilistas têm muito tempo livre.

Não quero dizer isso como um insulto. Se você tentar descobrir o sentido da vida e o propósito da humanidade a partir de uma perspectiva estritamente filosófica, é provável se tornar um niilista. Friedrich Nietzsche, Jean-Paul Sartre, Simone de Beauvoir e Søren Kierkegaard são todos considerados niilistas. Essas pessoas são muito mais inteligentes do que eu, então que Deus os abençoe. No entanto, não acredito que a vida exista apenas para ser estudada e descoberta. Acredito que a vida deve ser vivida. Não há nada de romântico em segurar a mão de seu amor enquanto explica suavemente a ciência do cérebro do que está acontecendo entre vocês. É muito mais divertido apenas namorar.

De novo: o significado só é experimentado em movimento. Suas planilhas de perspectiva o ajudarão a decidir exatamente em que direção viver e que ações tomar.

O niilismo e uma sensação assombrosa de fatalismo são luxos que as pessoas experimentam quando são em sua maioria sedentárias. Um cirurgião não pondera a futilidade da vida enquanto está transplantando um coração. Ele está muito ocupado em salvar uma vida para refletir sobre o sentido dela. Está muito ocupado experimentando o significado para debater seu mérito.

A questão é esta: agir. Construir algo significativo. Planeje sua missão e combata as distrações para que você possa colocar algo no enredo de sua história de vida.

Suas planilhas de perspectiva e seu discurso fúnebre o ajudarão a entender melhor o que você quer que sua história seja. E as próximas duas ferramentas incluirão algo na trama e farão com que ela aconteça.

Nos próximos capítulos, falaremos sobre como estabelecer metas como parte de seu plano de ação. Depois, finalmente, mostrarei a vocês uma página do planner diário que reunirá tudo.

12

Um Herói Faz

M SUA PLANILHA DE PERSPECTIVA, você provavelmente listou alguns projetos que queria trazer para o mundo. Queria escrever um livro, abrir um negócio ou cultivar um jardim.

A terceira (e opcional) etapa para criar seu plano de vida e experimentar uma vida de significado é preencher suas planilhas de estabelecimento de metas.

A razão pela qual digo que essas planilhas de estabelecimento de metas são opcionais é porque elas podem não ser necessárias para você.

Suas visões de 10 anos, 5 anos e 1 ano podem ser suficientes para ajudá-lo a criar tração narrativa e viver cada dia com foco e intenção.

Houve, porém, muitas ocasiões, em especial quando começo algo novo, que me beneficia definir uma meta. Também utilizo as planilhas de estabelecimento de metas para me concentrar em grandes projetos.

Dito isso, não reviso meus objetivos todos os dias no ritual matinal. Na melhor das hipóteses, uma vez por semana. A razão para isso é que minhas planilhas de perspectiva bastam para me manter motivado. Revisando minhas planilhas de definição de metas apenas uma vez por semana, meu ritual matinal é um pouco mais curto. E, por ser mais curto, eu o faço com maior frequência.

Como já disse, viver uma história é agir. Mas em que vamos agir?

Tenho, no momento, vários objetivos. O fato de você estar lendo este livro significa que alcancei ao menos um deles. Tenho mais três livros para escrever, após terminar este. Cada um deles é um objetivo.

Goose Hill foi outrora escrito em uma planilha de definição de metas. Agora ela existe, ou ao menos a maior parte dela. Usei a planilha para imaginar novas divisões de negócios e até novas comunidades.

Completar projetos e atingir metas, porém, exige alguma estratégia.

ALCANÇAR UM OBJETIVO REQUER UM PLANO

Um motivo pelo qual não atingimos nossos objetivos é porque pensamos que estabelecer um objetivo e escrevê-lo nos levará magicamente a alcançá-lo. Mas metas não são atingidas apenas porque as anotamos. Precisamos implementar uma estratégia.

Anos atrás, quando me mudei de Portland para Washington D.C. a fim de namorar Betsy, vendi tudo o que possuía e comprei um furgão Volkswagen. Durante alguns anos na década de 1990, a Volkswagen relançou seu furgão, decorado com uma cama com tenda, pia e janela traseira. Imaginei que essa seria, provavelmente, a última grande aventura minha e de Lucy antes de nos estabelecermos na vida de casados.

Para a viagem, comprei todos os audiolivros que pude encontrar sobre definição de metas, força de vontade e autodisciplina. Mas não fui na direção da autoajuda. Fiz o download de livros de psicólogos e de neurocientistas. Eu não procurava por inspiração tanto quanto por maneiras de espremer meu próprio cérebro e fazer mais. Não me lembro de quantos livros ouvi sobre o assunto, mas é um país grande e absorvi o material de costa a costa. Lucy e eu viajamos pelo sudoeste fazendo ensaios sobre química cerebral.

Lucy não se beneficiou muito com isso, mas porque está geralmente satisfeita com a vida como ela é. Eu, por outro lado, aprendi muito.

No entanto, havia um problema: os livros que eu escutava não eram práticos. Às vezes os psicólogos e os pesquisadores têm dificuldade em aplicar suas descobertas em tarefas práticas. Eu precisava de uma planilha para preencher e me ajudar a aplicar a pesquisa.

A planilha de definição de metas, bem como as páginas do planner que apresentarei no próximo capítulo são o resultado da estratégia pessoal que elaborei nessa viagem.

Nome do objetivo

Por que esse objetivo é importante para você?

Data de conclusão

Parceiros de Objetivo

Etapas

1 **2** **3**

Sacrifícios diários

Registro de repetição

SETE ELEMENTOS QUE O AJUDARÃO A ALCANÇAR SEUS OBJETIVOS

Ao pensar nos projetos que deseja concluir e nas metas que deseja estabelecer, considere os seguintes elementos.

Elemento 1: Saiba Por que o Objetivo é Importante

A primeira pergunta na planilha é: "Por que este objetivo é importante para você?" Pergunto porque, ao entender a razão mais profunda de querer alcançar uma meta, a conectamos com nossa narrativa pessoal.

Por exemplo, a meta de estar livre de dívidas é apenas uma meta numérica. Mas, quando nos lembramos de que ao ficar livre de dívidas podemos tirar férias mais longas para a família e ter recursos para mandar os filhos para a faculdade, é mais provável que façamos isso acontecer.

> **Por que esse objetivo é importante para você?**
>
> _____

Perguntar por que um objetivo importa é realmente perguntar: "Quais são os riscos?" Nas histórias, os riscos são uma ferramenta significativa que ajuda o público a ganhar tração narrativa.

A ideia é estar definitivamente consciente do que pode ser conquistado ou perdido se alcançarmos ou não nosso objetivo.

Retirar os riscos de uma história é torná-la desinteressante. Se Liam Neeson atravessa o oceano para resgatar outra filha raptada, só que desta vez descobre ter sido uma brincadeira da faculdade, e então os últimos 90 minutos do filme mostram ambos em um café discutindo se ela deveria ou não fazer pós-graduação, o filme é um fracasso.

Usar seu ritual matinal para se lembrar por que seu objetivo é importante aumentará as chances de seguir em frente.

Elemento 2: Data de Conclusão

Prazos nos ajudam a atingir nossos objetivos. Como discutimos, quando escrevemos nossos discursos fúnebres e calculamos quanto tempo mais temos para viver, um prazo final aumenta a urgência.

De novo: o que procuramos em nossas vidas e em nossos objetivos é a tração narrativa. Saber nosso porquê e saber quando precisamos ter o objetivo alcançado faz com que o cérebro se envolva ainda mais na história.

Em sua planilha de definição de metas, escreva quando você espera alcançar seu objetivo.

Anotar nossa data de conclusão prevista iniciará a contagem regressiva. A cada manhã, quando revisarmos nosso objetivo, ouviremos o relógio bater mais e mais alto. Por causa disso, você estará mais interessado e mais motivado para atingir seus objetivos.

Elemento 3: Parceiros de Objetivo

Conhecer nosso motivo e criar um prazo são excelentes ferramentas para nos ajudar a atingir um objetivo. Mas podemos aumentar ainda mais nossa tração narrativa estabelecendo e alcançando nossas metas em um contexto de comunidade.

Um parceiro de objetivo é um indivíduo ou um grupo de pessoas que caminham a seu lado tentando alcançar exatamente o mesmo objetivo.

Parceiros de Objetivo

Não estou falando de parceiros de responsabilidade. Estou falando de pessoas que estabelecerão exatamente o mesmo objetivo e entrarão na história com você para que não caminhe sozinho.

Pense a respeito. Se quisermos perder 9kg, podemos estabelecer nosso motivo bem como um prazo. E cerca de uma semana depois estaremos pedindo pepperoni extra na pizza.

Mas digamos que você chame alguns amigos que mencionaram que querem entrar em forma. Aí os convida para jantar e explica que deseja atingir o objetivo como grupo. Vocês se dão 6 meses para fazê-lo, depois cada um coloca US$100 em um frasco com o entendimento de que qualquer um que perder os 9kg receberá de volta os US$100, mais qualquer dinheiro extra que sobrar das pessoas que não atingirem o objetivo. Então você concorda em se encontrar no parque às 7h da manhã aos sábados durante os próximos 6 meses para caminhar 4km e compartilhar as melhores práticas junto ao incentivo.

Esse plano é obviamente mais provável de funcionar. Afinal de contas, somos seres sociais. Viajamos mais juntos do que sozinhos. Preocupamo-nos com o que as outras pessoas pensam de nós. Trabalharemos mais para os amigos e a família do que só para benefício pessoal.

A chave aqui é criar uma comunidade em torno do objetivo. Você quer dobrar o tamanho de sua empresa? Quer encontrar um emprego melhor? Qualquer que seja o objetivo, inicie uma comunidade que esteja focada em alcançá-lo em conjunto. Encontre parceiros que o realizarão com você e aumentará drasticamente suas chances de êxito.

Elemento 4: Etapas

Muitas vezes é difícil ficar motivado quando não é possível ver o topo da montanha. Perder 9kg ou abrir um negócio pode parecer um desafio monumental.

O que vai ajudar em um grande objetivo, então, são as etapas. Quando dividimos nosso objetivo em partes menores, podemos ver nosso progresso acontecendo e temos motivo para celebrar ao longo do caminho.

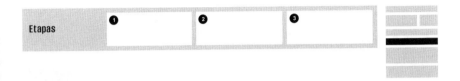

Todos os anos, em minha empresa, estabelecemos uma meta financeira para um ano, seguida de doze metas mensais. Estabelecemos até mesmo metas de receita por fluxo de faturamento, dividindo-as também em doze etapas.

Dividir uma grande meta em etapas não só ajuda a celebrar as vitórias, mas também torna a meta mais acessível. Preencher a papelada para iniciar um negócio, depois criar o site, e então fazer e enviar o primeiro produto soa menos intimidador do que "criar um negócio".

Ao rever suas etapas, poderá ver para aonde está indo e onde já esteve. Você também terá uma boa visão de seu progresso. Isso elevará seu moral à medida que enfrentar desafios. Não há nada como um pequeno progresso para aumentar nosso senso de esperança.

Elemento 5: Sacrifícios Diários

Muitas pessoas pensam que escrever seu objetivo é algum tipo de processo mágico que garantirá o sucesso.

É claro que isso não é verdade. A única razão pela qual temos que estabelecer objetivos em primeiro lugar é porque eles exigem sacrifícios que preferimos não fazer. Não existe uma solução mágica para driblar isso; caso contrário, atingir metas seria fácil.

O que precisamos é de um entendimento específico do sacrifício diário que será necessário para atingir nosso objetivo.

Caso eu queira me livrar da dívida do cartão de crédito, por exemplo, meu sacrifício poderia ser poupar US$10 diariamente. Então, uma vez por mês, usaria esses cerca de US$300 para amortizar o saldo do cartão. Agindo assim, e passado um ano, talvez minha dívida poderá ter sido quitada.

Sacrifícios diários

Se meu objetivo é expandir meu novo negócio, meu sacrifício diário pode ser pegar o telefone e fazer duas ligações de telemarketing todos os dias.

Heróis aceitam que as coisas que valem a pena realizar requerem sacrifício. Vítimas, por outro lado, não acreditam que têm a capacidade de se sacrificar porque estão presas e sem poder ou agência.

A chave é fazer um sacrifício diário que, com o passar do tempo, acrescentará um progresso significativo.

Na seção "Sacrifícios diários" da planilha de estabelecimento de metas, escreva seu sacrifício diário para ter mais clareza sobre o pequeno custo diário de sua meta.

Elemento 6: Registro de Repetição

Após decidirmos qual será nosso sacrifício diário, podemos transformar nosso exercício de estabelecimento de metas em um jogo, marcando pontos.

No fim de nossa planilha de definição de metas, temos um "Registro de Repetição" que nos permitirá marcar uma caixa para cada dia em que realizamos nosso sacrifício diário.

Se marcarmos algumas caixas em dias consecutivos, é provável que tenhamos de melhorar essa sequência com mais um dia e depois mais outro dia. Se falharmos um dia, é claro, podemos simplesmente começar outra sequência.

Essa é outra lição que aprendi com Jerry Seinfeld. Ele começou a colocar um X em seu calendário todos os dias que realizava uma tarefa específica. Ele descobriu que, com o tempo, estava realizando a tarefa mais para adicionar um X do que para de fato fazê-la. Ele não queria quebrar a sequência. A realização da tarefa, porém, melhorou sua vida. Ele havia transformado um bom hábito em um jogo com um placar.

Elemento 7: Não Estabeleça Mais do Que Três Objetivos por Vez

O elemento final é ter apenas três objetivos em execução ao mesmo tempo. Se eu quiser andar 160km com minha bicicleta, pagar dívidas e escrever um livro, reservarei três planilhas de objetivos como forma de identificar meus objetivos primários, separando-os dos demais. Eu só passo outra meta para a categoria primária quando alcanço uma das outras metas primárias.

Tenho cerca de dez planilhas de definição de metas preenchidas neste momento, mas só revejo três delas diariamente como parte do meu ritual matinal.

A razão para isso é que o cérebro tem dificuldade de se concentrar em mais de três prioridades de cada vez. Assim que você acrescentar um quarto objetivo, você pode ter acrescentado mais vinte porque o cérebro começará a armazenar suas prioridades como informações aleatórias em uma gaveta de lixo metafórica.

HERÓIS AGEM

No cinema, a câmera segue o herói porque ele entra em ação e a ação é interessante. Um herói se move. Um herói faz coisas. A planilha de definição de metas é projetada para ajudá-lo a entrar em ação. Entrar em ação rumo a seus objetivos o ajudará a criar uma experiência de vida mais significativa.

Atingir uma meta desafiadora requer planejamento cuidadoso e compromisso consistente. Tenho esperança de que a planilha de estabelecimento de metas o auxiliará a estabelecer suas metas e a cumpri-las.

A seguir, vamos olhar para uma ferramenta final que o ajudará a criar tração narrativa: o planner diário.

13

O Planner Diário do Herói em Missão

Á QUASE QUINZE ANOS, minha vida tem melhorado muito com uma tarefa simples de quinze minutos: preencher meu Planner Diário do HEM.

Antes de fazer isso, muitas vezes fico um pouco confuso sobre o que deveria estar trabalhando naquele dia. Talvez eu saiba que tenho uma reunião às 9h da manhã, mas sinto que há algo mais em que tenho que trabalhar antes desse horário. Sei que houve algumas coisas do dia anterior que tive que terminar, e Betsy também precisa de mim para fazer algo em casa antes de recebermos visitas à noite. Como não estou bem certo de quais são minhas prioridades, verifico meu e-mail para perder um pouco de tempo e depois saio do caminho porque sou levado para algum tipo de resolução de problemas no trabalho.

Em uma manhã como essa, minha vida se parece um pouco com a gaveta das tralhas na cozinha. É como se tudo o que eu precisasse fazer tivesse sido jogado no mesmo compartimento para que minhas prioridades ficassem umas em cima das outras sem separação. O resultado é uma falta de clareza.

A página do planner diário o guia em meio a um exercício de 15 minutos que cria extrema clareza sobre o que é importante e o que não é; depois, ela lhe dá um plano simples para tirar o máximo proveito do dia.

Não apenas isso, mas ao preencher o planner você é lembrado da história que provavelmente viverá e, portanto, será muito menos provável deixar o destino tomar o controle. Preencher a página do planner diário ativará seu locus de controle interno e garantirá que você esteja usando sua própria agência para direcionar sua vida.

DIRIGIR SUA PRÓPRIA HISTÓRIA NASCE DE UM HÁBITO DIÁRIO

Viver uma boa história e ler uma boa história são duas coisas diferentes. Ler uma boa história é agradável porque o escritor levou meses, se não anos, para se livrar de todas as coisas que não deveriam estar nela. Viver uma boa história, então, é mais como escrever uma boa história. E escrever uma boa história acontece quando um escritor criou o hábito disciplinado de sentar-se para fazer o trabalho.

Ontem à noite, quando encontrei com meu pequeno grupo empresarial, perguntaram-me o que era preciso para escrever um livro. Três dos membros do grupo querem escrever um livro e cada um tem uma ideia que poderia realmente funcionar.

Minha resposta à pergunta *"O que é preciso para escrever um livro?"* foi esta: não tente escrever um livro; tente se tornar alguém que gosta de escrever todos os dias.

Se você tentar escrever um livro, provavelmente falhará. Contudo, se você gosta de escrever todos os dias, as chances são de que escreverá vários livros.

Há milhões de livros não escritos por aí. Seus autores simplesmente não acreditavam em si mesmos ou em seu livro o suficiente para terminá-lo. É verdade que 99% da escrita se trata apenas da falta de vontade de desistir.

No entanto, não quero chamar a falta de vontade de desistir de *determinação*. Ela pode se mascarar como determinação, mas a verdade é que aqueles que acordam e escrevem boas histórias realmente gostam do trabalho. Eles gostam de algo que não parece bom. Gostam de se levantar cedo e ignorar o telefone até que mais algumas páginas tenham sido acrescentadas. A vida só é boa para eles se tiverem acrescentado alguma coisa na trama.

Esse mesmo prazer de escrever uma boa história se traduz em viver uma. Boas histórias não são criadas em um dia. É preciso uma rotina, uma disciplina diária, e desfrutar dessa disciplina para que não pareça disciplina de forma nenhuma.

A inspiração somente o levará até certo ponto. Mostre-me uma pessoa que fará o trabalho por hábito, mesmo que não seja particularmente inspirada, e eu lhe mostrarei alguém que está destinado a ser bem-sucedido.

UM RITUAL DIÁRIO

Uma vez criado seu plano de vida, você pode revisá-lo todos os dias em um ritual matinal. Isso o ajudará a manter a tração narrativa necessária para continuar interessado em sua própria história. E, se você continuar interessado em sua própria história, é mais provável que experimente um profundo senso de propósito.

Cuidado, porém, porque é fácil se distrair. Qualquer telefone que toque pode e vai tirá-lo do caminho. Mas é o ritual diário que o trará de volta à sua própria história, dia após dia. Os falsos começos são bons, desde que continue.

O ritual diário, no entanto, não é suficiente. Precisamos de algum tipo de mecanismo de planejamento para nos ajudar a organizar nossos pensamentos e nosso progresso.

O PLANNER DIÁRIO DO HERÓI EM MISSÃO

A quarta tarefa do Plano de Vida do Herói em Missão é preencher o Planner Diário do Herói em Missão. Você pode preencher o planner todos os dias, ou simplesmente naqueles dias em que você quiser se concentrar mais.

Planner Diário do Herói em Missão

Data

☐ Li meu discurso fúnebre   ☐ Revisei minhas planilhas de perspectiva   ☐ Revisei meus objetivos

Tarefa primária um
_____
_____
_____
_____
_____

Se pudesse reviver este dia, o que faria diferente desta vez?
- _____
- _____
- _____

Tarefa primária dois
_____
_____
_____
_____

Pelo que sou grato hoje?
- _____
- _____
- _____
- _____

Compromissos
- _____
- _____
- _____
- _____
- _____

Tarefas secundárias
☐ _____   ☐ _____
☐ _____   ☐ _____
☐ _____   ☐ _____
☐ _____   ☐ _____

Há uns 15 anos, criei o planner diário para me manter no caminho certo. Queria que ele incluísse todas as pequenas dicas e estratégias que tinha descoberto para fazer avançar o enredo da minha história. Durante esses 15 anos escrevi vários livros, comecei uma família, construí a casa de nossos sonhos, lancei uma empresa, e muito mais. Eu diria que esses últimos anos foram exatamente o oposto da época que descrevi no início deste livro. Antes de criar o planner, eu era ambicioso, mas sem direção. Ele me ajuda a lembrar no que eu deveria trabalhar. Como resultado, sou capaz de realizar mais em menos tempo.

Certamente houve épocas em que me senti sobrecarregado de trabalho, mas essas épocas são pouco frequentes. Na maioria das vezes, simplesmente fui capaz de filtrar distrações e trabalhar apenas no que importa. Na verdade, nenhum de nós tem que trabalhar tanto para realizar nossos sonhos. Só temos que trabalhar nas coisas certas e não trabalhar nas coisas erradas. E temos que fazer um pouco de trabalho todos os dias. De novo: os heróis se levantam e acrescentam uma coisinha na trama todos os dias enquanto as vítimas esperam que o destino envie um salvador.

Compartilhei o planner com milhares de pessoas e me senti encorajado pela resposta. Os criativos, especialmente, acharam-no útil. Se você tiver problemas para manter o foco porque tem muita coisa competindo por sua atenção, ou se tiver problemas para lembrar suas prioridades, você considerará o planner útil.

Inclui várias páginas gratuitas no fim deste livro, ou você pode ir ao HeroOnAMission.com [conteúdo de responsabilidade do autor e em inglês] para fazer o download de páginas maiores que você pode encadernar e transformar em um Planner. O planner diário inclui oito seções simples para ajudá-lo a organizar seu dia e a agir em sua história.

O objetivo do planner é ajudá-lo a realizar um ritual matinal seguido de uma rápida sessão de planejamento na qual você controla as distrações para avançar sua trama em mais um dia. A página diária vai ajudá-lo tremendamente.

Você certamente não precisa preencher o planner todos os dias, mas, quanto mais dias você realizar o ritual matinal, menos dias você provavelmente irá vagar em uma névoa mental.

Aqui estão os oito elementos do planner que você pode preencher e que o manterão no caminho certo:

Elemento 1: Revise Seu Discurso Fúnebre

Seu discurso fúnebre o ajudará a ganhar tração narrativa e atuará como um filtro para as principais decisões que você toma na vida. Sua revisão garantirá que você evite o vácuo existencial e permaneça interessado e ativo no desenvolvimento de sua história de vida.

Elemento 2: Revise Suas Planilhas de Perspectiva

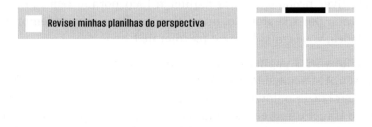

Revisar suas planilhas de perspectiva o lembrará do que decidiu que sua vida será e servirá como um filtro para ajudá-lo a tomar melhores decisões. Lembre-se, a chave para realizar algo grande é manter-se concentrado no que você tenta trazer para o mundo e acrescentar algo na trama todos os dias.

Se um escritor esquece a trama da história que está contando, a história vai perambular pelo mato e o leitor vai se sentir perdido. Quanto menos revisarmos nossos planos de vida, maior é a probabilidade de perder o enredo de nossa própria história.

Elemento 3: Revise Seus Objetivos

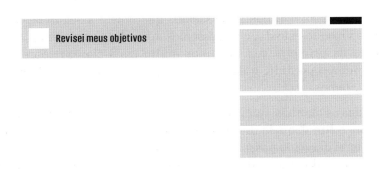

Ao revisar seus objetivos, você também revê os principais projetos em que está trabalhando e entenderá melhor o que é ou não prioridade.

Se limitou seus objetivos a apenas três, você será capaz de fazer isso rapidamente.

Elemento 4: Viva em um Lugar de Profunda Sabedoria

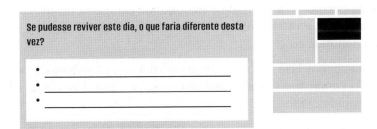

Se escrever seu discurso foi útil para dirigir sua vida, imagine o quão poderoso seria refletir sobre cada dia com uma retrospectiva imaginativa semelhante.

A próxima seção do planner o ajudará a viver em um lugar de profunda sabedoria, permitindo que você se antecipe ao arrependimento.

No planner, incluí uma simples pergunta que nos leva a refletir sobre o que podemos fazer para cometer menos erros em determinado dia. A pergunta se baseia em algo que Viktor Frankl costumava dizer a seus pacientes: "Viva como se estivesse vivendo uma segunda vez, e como se tivesse agido de maneira errada na primeira."

É uma afirmação um pouco complexa, mas, se você pensar nisso, é brilhante ao invocar nossa própria sabedoria interna.

Se, todas as manhãs, fingíssemos que hoje é a segunda vez que estamos vivendo este dia e pudéssemos aprender com os erros que cometemos da primeira vez, teríamos muito mais clareza sobre coisas como o tempo perdido, o descaso nas relações e os erros financeiros que cometemos.

Todas as manhãs, quando me faço essa pergunta, "avanço" rapidamente até o fim daquele dia e olho para trás. Percebo, dessa perspectiva, que terei desejado passar mais tempo com Betsy, e terei desejado reservar um par de horas para me concentrar no projeto de redação atual. Percebo que teria sido bom parar e comprar flores, enviar um cartão de agradecimento, fazer algum exercício.

Lembre-se, as vítimas são vítimas de suas circunstâncias. O destino governa suas vidas. Forças externas ditam cada um de seus movimentos. Mas, quando emanamos nossa energia heroica, assumimos o controle de nossas ações e usamos o poder que temos para viver histórias de significado em vez de lamentar.

Se não tivermos um exercício matinal no qual paramos, recuamos de nossa perspectiva limitada e meditamos em nossa própria agência, passamos para o piloto automático, e o destino, mais uma vez, soprará nossas histórias ao vento.

Não apenas isso, mas, se tomarmos decisões melhores a cada dia, os "juros compostos" sobre essas decisões se somarão a uma vida melhor. E rapidamente.

A cada dia, o planner diário lhe pedirá para responder a esta pergunta: *se você pudesse reviver este dia, o que faria de diferente desta vez?*

Elemento 5: Determine Suas Tarefas Primárias

Em seguida, o planner o levará a priorizar suas tarefas.

Uma das funções mais úteis do planner é que ele contém duas listas de tarefas diferentes: tarefas primárias e tarefas secundárias. Suas tarefas primárias são aqueles projetos grandes e importantes que definirão sua vida. Eles serão óbvios após você revisar suas metas para 10 anos, 5 anos e 1 ano.

Minhas principais tarefas quase sempre envolvem a criação de conteúdo para um livro ou uma sessão de coaching de negócios. Meu discurso fúnebre fala sobre ter construído uma empresa de coaching de negócios de sucesso. Portanto, durante esta fase de minha vida, preciso criar estruturas úteis para líderes empresariais.

Assim, para esta época de minha vida, criar conteúdo precisa ser meu principal esforço. Em minhas tarefas primárias vou escrever a tarefa mais importante que preciso realizar, seguida pela segunda e pela terceira.

Uma vez feito isso, tenho clareza imediata sobre como aproveitar bem o dia. Independentemente do que não conseguir realizar, caso eu consiga concluir algumas tarefas primárias, sei que o dia terá levado minha história pessoal adiante. Não só terei acrescentado algo à trama, mas colocado esse algo na trama *certa*.

Ainda que haja espaço para três tarefas primárias, estaria mentindo se dissesse que realizo as três todos os dias. Raramente chego à terceira tarefa. Na verdade, muitas vezes nunca chego à segunda. Mas isso não importa. A questão é o foco. Se eu trabalhar várias horas em qualquer uma de minhas tarefas primárias, dei passos significativos em direção à vida que descrevi em meu discurso fúnebre.

Desde que comecei a identificar minhas tarefas primárias e a trabalhar nelas todos os dias, mais do que dupliquei minha produtividade. Costumava levar quase dois anos para escrever um livro. Agora termino um a cada 8 a 10 meses, e isso além dos materiais de treinamento que preciso criar.

Adicionar um bebê à mistura tornou ainda mais significativo para mim entender qual é a coisa mais importante para se trabalhar. Apesar de termos acrescentado um elemento de caos alegre à casa, sabendo o que eu deveria fazer e o que eu posso deixar de fazer, posso realmente permanecer produtivo.

Saber quais são suas tarefas primárias e obter um pequeno progresso nelas todos os dias, compensa. Talvez possa parecer lento a cada dia, mas, ao final de um mês ou de um ano, você ficará chocado com o que conseguiu.

Elemento 6: Use a Gratidão para Se
Defender das Mentalidades de Vítima e de Vilão

Pelo que sou grato hoje?

- _____
- _____
- _____
- _____

Reserve tempo todas as manhãs para anotar aquilo pelo qual somos gratos cria uma base mental forte para o resto do dia.

Vítimas não estão gratas e por bons motivos. Elas estão sendo maltratadas, torturadas, capturadas e controladas.

A maioria de nós, porém, tem muito pelo que agradecer.

Tal como as vítimas, os vilões também não são gratos. Você nunca verá um vilão de um filme parar para refletir sobre como eles são gratos por um amigo, por um gole de água, ou por um dia tão lindo como este. A gratidão nos liga aos outros, reconhece as gentilezas e nos coloca em dívida para com o mundo. Quando somos gratos, sentimos como se tivéssemos uma dívida de gratidão para com o mundo e somos inspirados a retribuir pela maneira como vivemos nossas vidas. Os vilões acreditam que não estão em dívida com ninguém. Eles encaram o mundo como uma competição por poder: o mundo deveria estar em dívida com eles, e não o contrário.

Não há nenhum exercício mais poderoso para afastar as mentalidades de vítima e de vilão do que aquele em que reconhecemos e até estimulamos um sentimento de gratidão.

Ainda ontem à noite fui tentado pela mentalidade de vítima e usei a gratidão para recalibrar minha perspectiva sobre a vida. Depois de tomar uma taça de sorvete, entrei de bom grado no modo piloto automático e tomei outra. Quando terminei a segunda taça, caí na mentalidade de vítima. Por que o açúcar é tão difícil de resistir? Disse a mim mesmo que não comeria açúcar. Por que sou tão idiota? Terei uma ressaca de açúcar pela manhã e mesmo assim tenho uma importante tarefa de escrita. Em outras palavras: sou uma vítima e a vida não presta.

Superei essa espiral descendente lembrando a mim mesmo que às vezes me sinto bem em me satisfazer. O sabor do sorvete é fantástico. E agora posso me arrastar para a cama com minha linda esposa. Terei a oportunidade de gastar as calorias nadando amanhã à tarde. Ainda posso me levantar cedo e escrever um pouco. Estou em uma posição fantástica na vida. A vida é, de fato, fantástica. Adoro nadar e sou grato por ter disciplina suficiente para resistir à tentação do sorvete na maior parte do tempo!

A mentalidade de vítima desapareceu imediatamente.

Lembre-se, vítimas e vilões não sentem gratidão. Assim, quando a praticamos, imediatamente migramos das mentalidades de vítima e de vilão e nos tornamos o herói capaz de determinar sua própria história e experimentar um profundo senso de propósito.

A pergunta que você vai querer responder em seu planner diário, então, é: pelo que você é grato hoje?

Além de afastar os personagens menores que existem dentro de nós, realizar uma reflexão de gratidão tem benefícios ainda maiores. A gratidão, ao que parece, nos ajuda a superar a procrastinação.

Procrastinadores subconscientemente acreditam que um dia cheio de tarefas miseráveis que preferem não fazer torna a vida "sem diversão", e ninguém quer aguentar um dia que não seja divertido.

Ao refletir sobre aquilo pelo qual você é grato, tais como coisas excitantes ou repousantes que poderá fazer mais tarde no dia, você comunica ao subconsciente que o dia não está perdido. Quando você reflete sobre o que é grato, se lembra de que mais tarde poderá dar um passeio ou comer sorvete ou jantar com os amigos. Agora, no entanto, temos que começar a trabalhar.

De novo: quando somos gratos por tudo o que a vida nos deu, é mais provável nos sacrificarmos porque sentimos que devemos um pouco à vida em troca.

Quando somos gratos, removemos uma barreira que nos impede de fazer um pequeno trabalho que empurra nossa trama para a frente.

Elemento 7: Mantenha o Controle de Seus Compromissos Diários

O próximo exercício que faço é transferir os compromissos diários do meu calendário do Google para o planner diário.

Dedicar tempo para escrever (ou digitar novamente no software online) meus compromissos no meu planner diário me torna mais consciente do que decidi fazer para o resto do dia. Na versão para impressão, a propósito, nós lhe damos muito mais espaço para compromissos.

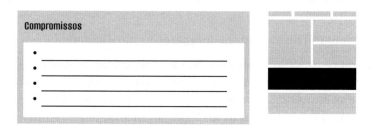

Ao transferir meus compromissos, estou mais consciente de quem estou encontrando, quando estou me encontrando com eles e por que estamos nos encontrando. No início de cada dia, em vez de viver em um túnel no qual posso ver apenas o que vem a seguir, estou ciente de quais são todos os meus compromissos.

Quando você faz essa transferência de seus compromissos diários para seu planejador, cria uma sensação de clareza sobre como será o dia, em vez de sentir como se estivesse começando seu dia caminhando em meio a um nevoeiro.

Elemento 8: Gerencie Suas Tarefas Secundárias

Um herói tem prioridades. Nós já estabelecemos as nossas, listando nossas tarefas primárias. Um dos benefícios ocultos de decidir o que é importante, todavia, é que ao fazê-lo também definimos aquilo que não é importante.

Um herói não dá um tempo para pegar a roupa na lavanderia no caminho para desarmar uma bomba.

As tarefas secundárias nunca devem ser confundidas com as tarefas primárias. Pegar sua roupa não é tão importante assim. Às vezes os heróis usam roupas amarrotadas.

Infelizmente, seu cérebro muitas vezes não sabe a diferença entre uma tarefa primária e uma secundária.

Por exemplo, Betsy e eu nos mudamos para nossa casa em Goose Hill há cerca de dez meses. E, apesar de termos a casa organizada em sua maioria, a garagem está uma bagunça. Só guardei metade das ferramentas, não temos prateleiras ou espaço de armazenamento, e há caixas no chão que estão cheias, fechadas e sem etiquetas. Não tenho ideia do que está dentro delas.

Algumas pessoas podem andar pela minha garagem e dizer: "Você sabe, o estado da garagem de um homem diz muito sobre ele. Uma garagem desorganizada é sinal de uma vida desorganizada."

Na verdade, eu diria que o contrário é verdadeiro no meu caso. A organização da garagem está há meses na minha lista de tarefas secundárias. Mal levantei um dedo. E não poderia estar mais feliz com isso.

Por quê? Porque, nesses dez meses, escrevi este livro. E fiz um curso em vídeo de *Como Desenvolver um Negócio*. E nós tivemos um bebê, que passei inúmeras horas segurando e postando fotos no Instagram. Tudo muito importante. Na verdade, tarefas secundárias não são as coisas que alguém mencionará em nosso discurso fúnebre.

Não consigo imaginar como seria triste o funeral de uma pessoa se o ponto alto de seu discurso fosse a menção de uma garagem limpa.

Porém, com toda a seriedade, escrever nossas tarefas secundárias nos faz lembrar das coisas que precisamos fazer mais adiante. Talvez até amanhã ou no dia seguinte. Quando não escrevemos essas tarefas, elas nos incomodam incessantemente. Sentimos que devemos fazê-las agora. Mas, ao escrevê-las e reconhecê-las como secundárias, dizemos a nós mesmos que não as fizemos e não as esqueceremos. Apenas não iremos fazê-las agora mesmo.

Ao planejar seu dia, divida suas tarefas em tarefas primárias e tarefas secundárias. Você terá mais clareza sobre o que realmente precisa ser feito e o que será feito mais tarde.

Preencher seu planner diário tem o objetivo de guiá-lo em meio a um ritual matinal. Como cultura, fizemos da produtividade um deus, mas ao fazer isso muitos de nós perdemos nosso próprio enredo. Não estamos experimentando o significado. O Planner Diário HEM não tem a ver com produtividade, embora certamente o ajudará a ser mais produtivo. Em vez disso, ele foi projetado para ajudá-lo a se lembrar da trama de sua história, a permanecer interessado e engajado nessa história e a acrescentar algo à trama todos os dias. O planner o ajudará a ganhar tração narrativa e a experimentar um profundo senso de propósito. Pense nisso como um ritual matinal e aproveite para preenchê-lo com uma xícara de café. Você se sentirá muito melhor sobre sua vida, seu trabalho e sua história.

14

O Papel Mais Importante

QUANDO COMPRAMOS GOOSE HILL, havia ali 970 árvores. O terreno era denso, com carvalhos, freixo, bordo, cedro e mais algumas árvores hackberry.

Infelizmente, os freixos estão morrendo. Todas as árvores de freixo do Tennessee estarão mortas dentro de dez anos por causa da "broca do freixo esmeralda", um besouro não nativo que se espalhou pela região. Não apenas isso, mas nossa floresta foi invadida por uma espécie particular de madressilva que se espalha pelo chão e suga toda a água. Essa espécie de madressilva nem sequer nos dá uma flor de cheiro doce, apenas árvores mortas em seu rastro.

Foram necessários três anos para remover a madressilva. Você tem que cortar o arbusto em sua base e envenená-lo em 30 minutos após o corte; e tem que fazer isso todos os anos durante três anos. Isso, no entanto, preservou a floresta. Também identificamos os freixos que queremos salvar e temos especialistas que vêm todos os anos para tratar as árvores que podemos preservar. Removemos todo o hackberry que pudemos. A árvore praticamente inútil cresce rápido e vazia para que fique alta e caia sobre outras árvores e casas e até mesmo pessoas se elas estiverem no lugar errado na hora errada!

Plantamos quase cem árvores de espécies nativas para substituir mais do que aquelas que perdemos na construção, e temos uma equipe de arboristas nos ajudando a proteger o investimento recém-desenvolvido.

Entre os especialistas, meu favorito é um homem chamado Peter Thevenot, um arborista autodidata, especializado na arte de espaldeira. Há mais de 30 anos, Peter se aposentou do mundo dos negócios para aprender a induzir árvores e arbustos a crescer em padrões ao longo de uma estrutura. Ele pode cultivar uma pereira em linha reta e plana para ela parecer uma cerca, ou uma fileira de uvas ao estilo de um vinhedo. Peter plantará uma cerca de pereiras ao redor do jardim de Betsy.

Quando podada e cuidada corretamente, uma árvore espaldeira pode viver por mais de 100 anos. Por serem podadas meticulosamente, mais nutrientes estão disponíveis para criar frutos. Vamos comer bem em Goose Hill.

Peter tem 80 anos agora. Ele fala em um dialeto rude do sul que combina uma humildade do Tennessee com uma especiaria do sul da Louisiana. Usa um chapéu de cowboy e tem um bigode que o faz parecer um pouco com Richard Petty. Acrescente a isso que ele fuma cachimbo, usa mangas compridas não importa o calor, fala devagar e parece enxergar por meio de olhos experientes. Ele olha para a terra e sabe onde as árvores vão crescer e onde vão morrer.

Peter me lembra de que a sabedoria não cresce rapidamente. Ela vem apenas da experiência e do fracasso, da tentativa e do erro. Ele descreve seu trabalho como pintura com cascas de árvore e folhas.

Leva quatro anos para que uma de suas árvores esteja pronta para ser vendida. Ao caminharmos pelo jardim no outro dia, percebi que não estávamos apenas acrescentando árvores ao redor do jardim, estávamos plantando o legado de Peter.

Quando você conhece alguém como Peter, quer ser como ele — talvez não em seu conhecimento das árvores, mas certamente em seu conhecimento de algo.

Temos outra amiga que está nos ajudando com Emmeline. Seu nome é Michelle Lloyd. Quando voltamos do hospital para casa, a contratamos como especialista em recém-nascidos, permitindo que Betsy se recuperasse da cirurgia. Michelle fala com um sotaque encantador da Nova Zelândia, porém, mais importante, ela fala a língua dos bebês. Ela nos ajudou a entender que, quando Emmeline estala os lábios ou mastiga a mão, quer comida. Ela nos ensinou que, quando Emmeline levanta suas pernas, pode ter gases. Nos últimos 30 anos, Michelle já ajudou mais de 50 bebês, e suas mamães encontram conforto no mundo. Betsy e eu, e a propósito Emmeline, estaríamos perdidos sem ela. Betsy envia mensagens para Michelle quase todos os dias.

A vida requer especialistas. Precisamos de pessoas em volta de nós que saibam o que estão fazendo e que possam nos salvar de nossos próprios erros.

De certa forma, este livro tem sido enganoso. Ele o ensinou a tornar-se um herói em missão, mesmo que o herói não seja o papel mais evoluído. O papel mais ambicioso para qualquer um de nós é o papel de guia.

Então, por que passar tanto tempo ensinando as pessoas a viver como heróis quando o objetivo da vida é se tornar o guia?

A razão é, naturalmente, que não podemos nos tornar guias a menos que tenhamos vivido como heróis em missão.

Todos nós já conhecemos centenas de pessoas bem-sucedidas em dezenas de categorias de sucesso diferentes. Conhecemos pessoas pobres, mas felizes, o que eu classificaria como um sucesso. Conhecemos pessoas que são bem-sucedidas nos esportes, no amor, na política, na ciência e nos negócios.

Se você olhar de perto pessoas impactantes, notará que elas variam em suas crenças, suas religiões e até mesmo em suas habilidades. É difícil encontrar pontos em comum que o resto de nós possa repetir. Algumas pessoas impactantes são discretas, enquanto outras são carismáticas.

A única característica que noto em quase todas elas, entretanto, é que são competentes.

Por competência, quero dizer que elas são experientes. Passaram pelo desafio da vida e saíram inteligentes, sábias e capazes. Você pode até chamá-las de duronas. Por duronas não me refiro a tipos como Clint Eastwood, que andam devagar, de arma em punho e são tagarelas. Eu consideraria Stephen Hawking mais durão do que Clint Eastwood, e Hawking não era nenhuma dessas coisas.

Quando digo durão, quero dizer que elas são capazes de atravessar condições difíceis com sucesso. Para ser capaz de navegar em condições difíceis sem ser derrubado por elas, é preciso ter experiência. Os héróis em missão se tornam guias porque aprenderam com suas dificuldades e com seus erros. Os especialistas são especialistas porque enfrentaram desafios.

Nassim Nicholas Taleb descreve essas pessoas como "antifrágeis". Em seu livro com o mesmo nome, Taleb escreve sobre o risco de as pessoas se tornarem fracas devido a sistemas superestruturados ou nos quais as pessoas são supercodificadas. Seu argumento é que crescemos e prosperamos quando somos perturbados porque a perturbação nos força a mudar para versões mais fortes de nós mesmos.

Viver como um herói em missão não tem a ver com uma vida cheia de alegria e de facilidade. Pause qualquer filme e se pergunte se o herói prefere estar em alguma outra situação. A resposta será, sem dúvida, sim. A vida é difícil e não pode ser totalmente controlada. E, no entanto, todo marinheiro sabe que, embora não possa controlar o vento, pode aproveitá-lo. Se o vento está batendo em suas costas, ele pode velejar rápido; e, se o vento está batendo em seu rosto, pode velejar devagar. Mas pode velejar sempre.

As ideias de Viktor Frankl não garantem que a vida correrá bem para nós. Elas simplesmente garantem que vivenciemos o significado se a vida vai bem ou não. Suas teorias, afinal de contas, foram cristalizadas em um campo de concentração.

A competência mental, física e espiritual acontece quando avançamos para os desafios que a vida nos oferece. As vítimas não enfrentam esses desafios porque não podem. Os vilões causam muitos desses desafios. Os heróis entram e passam pelos desafios e são transformados no processo. Os guias, então, ensinam aos heróis tudo o que sabem sobre como superar os desafios.

Os guias nos ensinam a ter coragem porque eles mesmos viveram uma vida de coragem.

A razão pela qual queremos viver como heróis em uma missão é que, quanto mais o fizermos, mais cedo nos transformaremos em guias.

Será tentador para você pensar em si mesmo como um guia cedo demais. É claro que todos nós temos uma energia guia que podemos invocar, mesmo quando crianças. Podemos sempre ajudar outra pessoa a vencer. Mas, para nos tornarmos plenamente o guia, devemos ter vivido durante anos como um herói em missão, dominando nossos medos e aprendendo com nossas tragédias.

Não confie em uma pessoa para guiá-lo ao Monte Everest se ela nunca esteve no Himalaia.

Decidir para onde você está indo em sua vida, em vez de permitir que o destino dite sua direção, é uma característica de competência. Saber a diferença entre uma tarefa primária que deve ser cumprida e uma tarefa secundária que deve ser ignorada é uma característica de competência. A escolha de perdoar requer inteligência emocional, que personifica a competência. Viver em gratidão em vez de chafurdar em piedade é uma perspectiva que exige controle da mente, outra característica da competência.

A competência envolve a capacidade de encontrar circunstâncias difíceis e crescer a partir delas, em vez de ser destruído por elas. Quanto mais experienciamos a vida como heróis em missão, mais aprendemos e mais podemos ir adiante.

AS CARACTERÍSTICAS DE UM GUIA

Pode-se distinguir um bom guia pelas qualidades que ele traz para a jornada. Aqui estão quatro características que acredito serem as mais críticas para desenvolver a fim de ajudar os outros.

Experiência

Uma das razões pelas quais os guias são frequentemente tão velhos nas histórias é porque o escritor (e o público) sabe que eles devem ter experiência. Imagine a barba branca de Gandalf ou o mancar e a bengala de Yoda.

Quando falamos de experiência, o que realmente queremos dizer é um passado. Muitas vezes, as pessoas que mais respeitamos passaram pelo que estamos passando e sobreviveram. Os guias ensinam aos heróis como o fizeram e, como tal, a sabedoria geracional é transmitida.

Haymitch ganhou os Jogos Vorazes anos antes de Katniss se oferecer como tributo. Devido à sua experiência, ele foi capaz de ajudar Katniss a vencer.

Heróis em histórias que se veem como iguais a seus guias irritam os leitores. No íntimo, sabemos que o respeito deve ser conquistado, não exigido. Não podemos pular o processo de criação de sabedoria. Respeitamos um guia que tem experiência.

Sabedoria

Com a experiência, vem a sabedoria. E a principal fonte de sabedoria é o fracasso.

O interessante sobre os heróis nas histórias é que eles não costumam ser competentes. Com exceção das poucas cenas finais de uma história em que eles enfrentam e derrotam o vilão, o herói foi um bagunceiro desajeitado e temeroso. Uma história é mais interessante quando o herói se livra por pouco de seus desafios.

Geralmente, as histórias têm camadas, com cenas de progresso e de retrocesso, empilhando falhas em cima de fugas apertadas. Por quê? Em parte por suspense, mas em parte porque sabemos que o herói terá que ganhar forças para encontrar o vilão de igual para igual. O herói terá que ser forte e sábio, e a única maneira de ganhar força e sabedoria é falhar e depois ter êxito, sem parar.

De novo: nossa mentalidade de vítima nos tentará a sucumbir aos fracassos em vez de aprender com eles. Os heróis aprendem, e aprendendo é como eles crescem e eventualmente se tornam o guia.

Empatia

Vilões e guias são fortes. Na verdade, o vilão é frequentemente o personagem mais forte da história, até o final, quando se espera que seja derrotado. Essa é uma das razões pelas quais as pessoas são atraídas pelos vilões. Isso explica Mussolini e Hitler. As pessoas confundem um vilão com um guia por causa de sua força.

Mas a força do guia é diferente. Sua força é governada pelo altruísmo. A glória do guia está em seu passado. Agora eles tentam ajudar outra pessoa a alcançar a glória. Tendo entrado na batalha, sabem que o mundo está em guerra e querem luz para derrotar a escuridão. O mundo, para um guia, é maior do que eles e sua história pessoal. Os guias se preocupam.

A força do vilão nos convida a nos unir a ele para estabelecer nossa superioridade, nosso controle e nosso poder. Já a força do guia nos convida a restaurar a justiça, defender as verdadeiras vítimas e criar igualdade por meio de oportunidades.

Ver Michelle falar com Betsy sobre nosso bebê é ver um mestre incentivador. Quando ela nos instrui sobre como confortar e alimentar o bebê, suas palavras são suaves e gentis, seu sorriso absolutamente radiante e as comemorações das vitórias de Betsy são expressões de alegria de se fechar o punho e levantar os braços. Quando o bebê trava, Michelle inventa uma dancinha — e, quando o bebê destrava e faz cocô, Michelle anuncia deliciosamente que o processo está funcionando!

Os guias trazem a luz aos heróis humildes que são inexperientes e medrosos.

O guia transmite mais do que sabedoria; transmite compaixão e empatia. Ele mesmo foi derrotado e recuou; sabe como se sente tentado pelo desamparo. Foi mal interpretado, por isso procura compreender. Foi abandonado, por isso é leal.

A melhor definição que ouvi da palavra *empatia* é "dor compartilhada".

O guia carrega parte do fardo do herói, permitindo a ele viajar mais longe e mais rápido.

Sacrifício

A empatia, entretanto, não é suficiente para selar a identidade de alguém como guia. O sacrifício real é necessário.

Nas histórias, os guias abandonam sua sabedoria, seu tempo, seu dinheiro e, às vezes, suas vidas para que o herói possa prevalecer. Eles fazem isso sabendo que seu tempo, sua sabedoria e seu dinheiro não lhes comprarão glória. Estão nisso pela glória do herói e para contribuir para mais uma vitória da luz sobre as trevas.

Muitas vezes, os guias fazem o sacrifício final para o herói. A guerra entre as trevas e a luz é muito importante para eles. Lembre-se, a vida de um guia não mais é vivida para si mesmo. Um guia se sacrifica para que a luz possa derrotar a escuridão.

Quando Romeu escala o muro no pátio dos Capuleto, vemos uma cena clássica na qual um guia transmite sabedoria a um herói e também um aceno para o sacrifício final que um guia frequentemente faz pelo herói.

Como Romeu está sob a janela de Julieta, ela está envolvida em um colóquio com duas estrelas no céu, simbolizando que ela é um terço de uma trindade divina. Na verdade, Romeu a descreve como uma *mensageira alada do paraíso*. Na peça, ela é o guia forte e competente e Romeu é o herói.

Mesmo sendo jovem, apenas 13 anos, Shakespeare lhe dá sabedoria divina e eterna, e oferece, por intermédio dela, um caminho para Romeu encontrar decisão e redenção.

Em suma, Julieta é posicionada como a figura de Cristo na peça.

Mais adiante na cena, os dois falam sobre como seus nomes (naturezas) os mantêm separados. Romeu então dá agência à Julieta, pedindo-lhe: *me chame por outro nome e eu não serei mais um Montéquio*.

Esse é o imaginário bíblico, é óbvio. Romeu acredita que sua união com Julieta mudará sua natureza.

Então, num esforço para enganar seus pais, Julieta bebe um veneno que a colocará em um sono semelhante à morte. Ela "morre" e depois ressuscita dos mortos. Quando acorda, descobre que o próprio Romeu havia sido enganado e tirado sua vida para estar com ela. Julieta então tira sua própria vida dizendo que irá se encontrar com ele onde há um casamento à espera.

Creio que Shakespeare fez de Julieta a figura de Cristo na peça como um esforço para ensinar uma teologia mais relacional (protestante) aos católicos que lutavam pelo poder na Inglaterra. Independentemente disso, os preceitos do evangelho cristão, assim como em muitas histórias antigas, envolvem um guia divino que sacrifica sua vida por um herói que sofre uma dolorosa jornada rumo à absolvição.

Nos Evangelhos Cristãos, o próprio Jesus é um guia que ajuda heroicos pecadores a encontrar uma resposta e, assim, voltar para casa onde há um casamento a ser realizado em um banquete no céu. O guia, então, se sacrifica para o herói perturbado e temeroso numa tentativa de ajudá-lo em direção à cena do clímax de sua absolvição.

No belo livro infantil de Shel Silverstein, *A Árvore Generosa*, a árvore em si é o guia, ajudando a criança heroica em sua jornada de vida, sempre dando suas maçãs, depois seus galhos e finalmente seu tronco até que dá o último pedaço de sua vida para a criança.

Charlotte, a aranha do livro *A Teia de Charlotte*, de E. B. White, entregou sua vida para salvar a de seu amigo Wilbur, o porco.

Esses guias desistiram de suas vidas para ajudar um herói a desvendar sua história e contribuir para a derrota das trevas pela luz.

Belos sacrifícios como esses não são casos isolados na literatura. Apenas segundos atrás, no café onde estou digitando estas palavras, uma mulher jogou no ar seu prato e seu muffin para poder agarrar o filho que tropeçou em um degrau. É de nossa própria natureza proteger os que vêm depois de nós e abdicar de nossa segurança por sua glória.

À medida que emanamos a energia do guia, ajudando os outros a vencer, encontramos uma experiência cada vez mais profunda de significado. Está em todos nós nos tornarmos guias.

Mas, com certeza, isso leva tempo. Como Betsy e eu cultivamos a terra em nosso jardim, reconheço que o herói deve crescer lentamente. O conhecimento de Peter sobre as árvores cresceu tão lentamente quanto as próprias árvores. Ele está nos passando um legado que podemos repassar para Emmeline.

Anos e anos alcançando a glória como heróis, embora seja importante para o treinamento, dificilmente é o propósito da vida. O objetivo é tornar-se o guia, demonstrar a inclinação ao altruísmo e servir de exemplo para os outros.

Quanto menos nos fazemos de vítima e de vilão, mais nos encontramos desempenhando os papéis de herói e de guia.

Começando com o fim em mente, trazer algo de bom ao mundo, aceitar os desafios da vida e compartilhar nossas vidas com os outros é o caminho para a transformação.

No fim, os guias são apenas heróis que perseveraram.

15

A História Continua

UM VELHO AMIGO UMA VEZ me contou uma história. Ele estava se formando na faculdade e decidiu passar um ano viajando ao redor do mundo. Em um último encontro antes de partir, seu mentor lhe disse que, quando voltasse, não queria reconhecê-lo. "Bem, eu estarei fazendo muitas caminhadas, então imagino que ficarei em muito boa forma", disse meu amigo.

"Não é disso que estou falando", disse seu mentor. "Quis dizer que quero que você se torne uma versão tão melhor de si mesmo que é como se o velho você tivesse sido trocado como uma pele. Você vai deixar o velho você para trás enquanto aprende a administrar dinheiro, discernir com quem fazer amizades, administrar seu corpo, administrar seu espírito, aprender a descansar e a acreditar em si mesmo."

Meu amigo ficou intimidado com a conversa. No entanto, enquanto viajava pela Europa, ele procurava oportunidades de transformação. Como reagiria aos contratempos que surgissem? Ele seria um amigo leal? Será que ele correria riscos, mostraria coragem e atravessaria um ano digno de ser lembrado?

Em resumo, continuava se perguntando: "O que meu melhor eu faria nesta situação?" E com isso começou a praticar tornar-se uma versão melhor de si mesmo.

Meu amigo disse que havia crescido mais durante aquele ano do que em qualquer outro ano antes.

O desafio de se tornar irreconhecível é um desafio de vida para cada um de nós, dia após dia, ano após ano.

Coisas saudáveis crescem e mudam, e assim acontece com as pessoas saudáveis.

Desde o dia em que nascemos até o dia em que morremos, nunca paramos de mudar. A cada capítulo de nossas vidas é possível nos tornarmos versões cada vez melhores de nós mesmos.

Quando nos dizemos: "Não sou do tipo atleta" ou "Sou super tímido diante de grupos", caímos no que Carol Dweck chama de mentalidade fixa. A professora de Stanford afirma que uma mentalidade fixa se correlaciona com salários menores, relacionamentos piores e níveis mais altos de ansiedade.

Em vez disso, ela convida seus alunos para uma mentalidade de crescimento. Uma mentalidade de crescimento significa que acreditamos estar sempre mudando e que podemos fazer enormes transformações em nossas vidas. Quando temos uma mentalidade de crescimento, acreditamos que podemos ser bons em alguma coisa se nos aplicarmos. Por exemplo, em vez de dizer: "Sou péssimo em matemática", deveríamos dizer, e pensar: "Não sou bom em matemática porque não decidi me dedicar a isso ainda."

Em outras palavras, Dweck acredita que não devemos nos encurralar quando se trata de nossa identidade. Quando pensamos em nós mesmos, devemos nos imaginar como seres fluidos, capazes de mudar. A mudança, porém, requer esforço. Para nos transformarmos, temos que nos engajar e talvez até assumir o conflito que vem quando nos dedicamos a uma perspectiva.

HISTÓRIAS COMEÇAM E TERMINAM

Não seria importante nos transformarmos se nossas vidas na Terra durassem para sempre. Mas elas não duram. Nossas histórias têm começo, meio e fim, é claro, mas também algo mais: uma moral.

As histórias que vivemos não afetam somente a nós, afetam as pessoas ao redor. Nossas histórias ensinam às pessoas próximas a nós aquilo pelo qual vale a pena viver e aquilo pelo qual vale a pena morrer.

172

Há cerca de 25 anos, meu amigo Bruce Deel mudou-se para o bairro mais perigoso de Atlanta, na Geórgia. Ele e sua família se mudaram para uma igreja e lá viveram por anos. Bruce e sua esposa, Rhonda, resgataram jovens mulheres que estavam sendo traficadas sexualmente, homens jovens enredados em gangues, vizinhos idosos que precisavam de cuidados médicos e viciados que sentiam haver perdido o controle de suas vidas. Enquanto ele e sua família se estabeleciam, estavam constantemente sob ameaça. Tiveram vários carros roubados. Encontraram um sem-teto vivendo sob o batistério. Bruce foi até baleado e se envolveu em brigas com facas.

Perguntei-lhe uma vez como ele poderia justificar arriscar sua vida quando tem uma esposa e filhos em casa. Ele disse que deixar um legado de coragem para seus filhos poderia custar-lhe a vida e que, se ele morresse, morreria como um exemplo para sua família de um homem que amou corajosamente e tentou ajudar sua comunidade.

Hoje, Bruce e Rhonda ainda vivem no bairro. Possuem um complexo de mais de um acre chamado City of Refuge [Cidade do Refúgio, em tradução livre] que é frequentemente considerado um dos maiores programas de impacto social de sucesso no país. Eles têm uma escola de culinária e outra de programação de computadores, uma clínica médica e um abrigo para meninas traficadas. E acolhem os ex-detentos quando deixam a prisão e os treinam para fazer um trabalho significativo.

O que fazemos com nossas vidas importa. E cada um de nós está ficando sem tempo.

Nos meses que passei escrevendo este livro, vi histórias começarem e histórias terminarem. Lucy tem semanas, não meses, de vida. Ela está levando uma hora ou mais pela manhã para se levantar. Já superou em quase dois anos o tempo médio de vida de um labrador. Nós escondemos um anti-inflamatório em sua comida e sentamos e coçamos sua cabeça até que a pílula a ajude a ganhar força. Ela é confortada pela minha presença, por isso parei de viajar para estar por perto. Ela observa como Betsy e eu entramos e saímos do quarto do bebê. Levanta o nariz quando ouve o choro como se fosse para pegar um cheirinho do membro mais novo da família.

Está claro que sua história está chegando ao fim.

Também há alegria acontecendo. Emmeline está crescendo, e rápido. Agora ela sorri. Você pode fazer cócegas nela. Ela olha em volta da sala, reconhece as pessoas e se agita até que elas venham cumprimentá-la. Em alguns meses estará engatinhando e, logo depois disso, caminhando pelas trilhas de Goose Hill. Vamos observar como ela começa sua longa e natural transformação de vítima em herói.

Tanto a dor quanto a alegria desta vida são lindas para mim. Em breve enterraremos Lucy sob o carvalho no pátio lateral, aquele onde o nome de Betsy e o meu estão esculpidos dentro de um coração.

A verdade é que todos nós podemos ir muito mais longe nesta vida do que jamais imaginamos. Deixar uma mentalidade de vítima para trás, onde ela pertence, é como deixar cair um saco de pedras. Vamos andar mais rápido, juro.

Anos atrás, fui convidado a passar um tempo com uma proeminente família norte-americana que tinha construído várias empresas multimilionárias. Alguns dos membros da família haviam lido meus livros e me pediram para ir a uma de suas reuniões familiares. A família frequentemente convida autores e palestrantes para suas reuniões familiares como uma forma de facilitar conversas multigeracionais. Tudo isso foi uma história estrategicamente sonhada pela família para evitar a deterioração que quase sempre acontece quando as famílias começam a ganhar e a administrar riquezas. Fiquei honrado. Achei-os pessoas especialmente humildes e genuinamente amáveis.

Uma das coisas mais interessantes sobre a família é que, enquanto se apresentavam, eles se referiam às diferentes gerações como geração um, geração dois e assim por diante. Havia quatro gerações presentes, e uma das mulheres mais jovens da geração quatro estava prestes a dar à luz a geração cinco.

Como cresci em um lar monoparental, e por meu avô ter morrido antes de eu nascer, toda a ideia de uma família multigeracional, especialmente uma que se estende por cinco gerações, era nova para mim.

Às vezes, andando por Goose Hill, me pergunto o que Emmeline pensará quando for muito velha, quando sua história estiver quase terminada e ela visitar este lugar com seus filhos e seus netos. Gostaria de viver uma história tal que ela contasse a seus filhos sobre sua própria geração, sobre como sua mãe e seu pai construíram este lugar, a criaram aqui e lhe mostraram uma história de amor que ela poderia copiar. Espero que ela fale sobre o quanto a geração um convidou artistas, pensadores, jardineiros e líderes de todo o mundo para pensar, sonhar e criar. E me pergunto se ela saberá que fizemos isso principalmente por ela, para que pudesse crescer ao redor de pessoas que sonham e depois fazem os sonhos acontecerem.

Você e eu podemos ou não vir de um legado poderoso ou positivo, mas cada um de nós pode deixar um.

Não consigo controlar como Emmeline me percebe. Isso é assunto dela. Mas posso lhe dar amor, segurança e um exemplo a ser seguido. Minha história pode afetar positivamente a história dela. A decisão de fazê-lo não está à mercê do destino. Depende de mim.

Quando vivemos uma vida de significado, convidamos outros a fazer o mesmo. Aqueles que vierem depois de nós se apoiarão em nossas histórias. Eles podem complementá-las e torná-las melhores porque nós lhes mostramos o caminho.

A vida pode ser muito difícil, eu sei. Há tragédias em volta de nós. Há escuridão. Mas não se esqueça: também há luz. Podemos participar da construção dessa luz.

Quando o vácuo existencial chegar a você, e chegará, lembre-se de que há uma esperança que é muito real no mundo.

Podemos, sempre, criar significado.

Seu Plano de Vida e Seu Planner Diário

Incluímos espaço para criar seu plano de vida nesta seção do livro. Você pode escrever seu discurso fúnebre, suas perspectivas de 10 anos, 5 anos e 1 ano, e seus objetivos. Há até mesmo alguns dias do Planner Diário do HEM.

Se você quiser continuar a usar o Planner e o Plano de Vida, pode baixar estas páginas gratuitamente e imprimir quantas cópias quiser. Basta visitar o nosso site HeroOnAMission.com.

Se você gosta de ajudar as pessoas a encontrar sua missão e experimentar um profundo senso de propósito, candidate-se para ser um facilitador HEM acessando HeroOnAMission.com [conteúdo de responsabilidade do autor e em inglês].

Meu Discurso Fúnebre

Meu Plano de Vida Perspectiva de 10 anos

Se fosse feito um filme sobre sua vida neste ano, como se chamaria?

_____

Idade

_____

Carreira

- _____
- _____
- _____

Saúde

- _____
- _____
- _____

Família

- _____
- _____
- _____

Amigos

- _____
- _____
- _____

Espiritualidade

- _____
- _____

- _____
- _____

2 coisas que tento fazer todos os dias

- _____
- _____

2 coisas que não faço

- _____
- _____

O tema central de minha história neste momento é

_____

Meu Plano de Vida Perspectiva de 5 anos

Se fosse feito um filme sobre sua vida neste ano, como se chamaria?

Idade

Carreira

Saúde

Família

Amigos

Espiritualidade

2 coisas que tento fazer todos os dias

2 coisas que não faço

O tema central de minha história neste momento é

Meu Plano de Vida Perspectiva de 1 ano

Se fosse feito um filme sobre sua vida neste ano, como se chamaria?

Idade

Carreira

- _____
- _____
- _____

Saúde

- _____
- _____
- _____

Família

- _____
- _____
- _____

Amigos

- _____
- _____
- _____

Espiritualidade

- _____
- _____

- _____
- _____

2 coisas que tento fazer todos os dias

- _____
- _____

2 coisas que não faço

- _____
- _____

O tema central de minha história neste momento é

Nome do Objetivo

Por que esse objetivo é importante para você?

Data de Conclusão

Parceiros de Objetivo

Etapas

❶ ❷ ❸

Sacrifícios Diários

Registro de Repetição

Nome do Objetivo

Por que esse objetivo é importante para você?

Data de Conclusão

Parceiros de Objetivo

Etapas

❶

❷

❸

Sacrifícios Diários

Registro de Repetição

Nome do Objetivo

Por que esse objetivo é importante para você?

Data de Conclusão

Parceiros de Objetivo

Etapas

1

2

3

Sacrifícios Diários

Registro de Repetição

Planner Diário do Herói em Missão

Data

☐ Li meu discurso fúnebre   ☐ Revisei minhas planilhas de perspectiva   ☐ Revisei meus objetivos

Tarefa primária um

_____
_____
_____
_____

Se pudesse reviver este dia, o que faria diferente desta vez?

- _____
- _____
- _____

Tarefa primária dois

_____
_____
_____
_____

Pelo que sou grato hoje?

- _____
- _____
- _____

Compromissos

- _____
- _____
- _____
- _____
- _____

Tarefas secundárias

☐ _____   ☐ _____
☐ _____   ☐ _____
☐ _____   ☐ _____
☐ _____   ☐ _____

Planner Diário do Herói em Missão

Data

☐ Li meu discurso fúnebre ☐ Revisei minhas planilhas de perspectiva ☐ Revisei meus objetivos

Tarefa primária um

Se pudesse reviver este dia, o que faria diferente desta vez?
-
-
-

Tarefa primária dois

Pelo que sou grato hoje?
-
-
-
-

Compromissos
-
-
-
-
-

Tarefas secundárias

☐   ☐

☐   ☐

☐   ☐

☐   ☐

Planner Diário do Herói em Missão

Data

- [ ] Li meu discurso fúnebre
- [ ] Revisei minhas planilhas de perspectiva
- [ ] Revisei meus objetivos

Tarefa primária um

_____
_____
_____
_____

Se pudesse reviver este dia, o que faria diferente desta vez?

- _____
- _____
- _____

Tarefa primária dois

_____
_____
_____
_____

Pelo que sou grato hoje?

- _____
- _____
- _____

Compromissos

- _____
- _____
- _____
- _____

Tarefas secundárias

- [ ] _____
- [ ] _____
- [ ] _____
- [ ] _____
- [ ] _____
- [ ] _____
- [ ] _____
- [ ] _____

Índice

Ação
  imediata 125
  intencional 12
  significativa 3
Agência 20, 72, 83, 101, 122, 148
Alfred Adler 102, 106
Altruísmo 166
Ambição 44, 55
  criativa 107
  multifacetada 62
Amor 66
  verdadeiro 93
Andy Stanley 66
Antifrágeis 164
Assassinato de George Floyd 105
Autoconsciência 59
Autodisciplina 138
Autoexpressão 60
Autoproteção 47
Autorreflexão 46

Base mental 156
Benefícios da dor 37
Bryce Dallas Howard 84
Bullying 20

C

Carol Dweck 171
Ciclos de história 56
Círculo virtuoso 93
Coletividade 91
Compartilhar a vida 100
Competência 165
Compromisso consistente 146
Comunidade 91, 94, 112, 141
  intencional 96
Concessões 63
Conexão saudável 92
Confiança 14
Conflito 50
Contenção 134
Contratempos 23
Coragem 12, 18, 52, 102
Criadores vs. Consumidores 101
Crise de meia-idade 41, 72
Cura 38
  processo de 37
Curiosidade 13

Desafios 112
  envolventes 52
Desejos
  altruístas 62
  primitivos 61

187

188

Destino 6, 12, 29, 148, 165
  específico 65
Direção geral 114
Disciplina 24, 46, 65, 149
Discurso fúnebre 83, 91, 112, 152
Dissonância cognitiva 113, 119
Dor 14
  como professora 14

E

Elementos fixos da vida 5
Emoções 18
  padrões climáticos das 18
Empatia 14, 166
Ernest Hemingway 70
Erros 53
Esperança 174
Estado de espírito 23
Estratégias narrativas 119
Evolução positiva 47
Exercício criativo 83
Expansão mental 37
Experiência de significado 27
Experiência pessoal 5

F

Falta
  de ambição 7
  de significado 5
Fatalismo 136
Ferramenta do tempo expirado 83
Força criativa 4
Força de vontade 21
Força vs. Segurança 90
Fórmula de Frankl 32
Fracasso 53, 166
Frustração 18

G

Gratidão 156
Guia xiii, 13, 74, 91, 163, 165

H

Hábito 149
  disciplinado 148
  intencional 73
Helen Keller 14
Herói xiii, 11, 44, 59, 82, 91, 122,
  144, 151
  energia de 11
  mentalidade de 13, 29, 51
  papel de 13
Humores 17

I

Ideia controladora 64
Identidade melhorada 39
Impulsos primitivos 60
Inércia 7
Inquietação 8
Inteligência emocional 165
Intimidade 93

J

James Allen 4
Jerry Seinfeld 73, 145

L

Locus de controle
  externo 19, 49
  interno 19, 135, 148
Logoterapia xiv, 22, 33, 74

M

Mar das distrações 70
Mecanismos de defesa 10
Medo de tentar 18
Mentalidade
  de crescimento 171
  fixa 171
Motivos variados 60

N

Nassim Nicholas Taleb 164
Nelson Mandela 14
Névoa mental 151
Niilismo 135
Nita Andrews 97

P

Passividade 7
Perspectiva redentora 38
Planejamento cuidadoso 146
Planilhas
  de estabelecimento de metas 76,
    137
  de perspectiva 76, 125, 152
Planner Diário do Herói em Missão
    75, 147
Prazer 32, 85
Preconceito subconsciente 105
Procrastinação 157
Propósito 22
  senso de 33, 49, 65, 74, 112, 149

Q

Questão da identidade 12

R

Rabindranath Tagore 52
Relações saudáveis 93
Resistência mental 29
Risco relacional 104
Riscos 140

S

Sabedoria
  geracional 165
  interna 154
Sarah Harmeyer 95
Senso
  de esperança 12, 122, 143
  de identidade positiva 128
  de propósito 26

de significado 22
de urgência 82
Sentimento de autoproteção 104
Sigmund Freud 32, 103
Significado 28, 91, 174
  experiência de 62, 72
  intrínseco 62
  produzir 33
  senso de 97
  sentido de 28
Sonhar 102
Stephen Covey 71
Stephen Karpman 92

T

Tédio inquieto 41
Tema 64
Tendências narcisistas 94
Terapia 46
Trabalho mental 46
Tração narrativa 41, 47, 55, 86, 104,
    113, 125
Trauma passado 103
Triângulo do drama de Karpman 92

V

Vácuo existencial 31, 40, 69, 135,
    174
Valorização do desafio 34
Vazio narrativo 27, 40, 48, 69
Viktor Frankl xiv, 21, 29, 51, 69, 78,
    135, 153
Vilão xiii, 6, 73, 89, 103, 134, 156
  energia do 8
  identidade de 12
  mecanismos de sobrevivência do
    10
Visão 104, 109, 114
  brainstorm de 110
Vítima xiii, 6, 28, 47, 73, 92, 151
  energia de 8
  identidade de 12
  mentalidade de 13, 18, 29, 51, 92,
    156
Vitimização 6, 102

Sobre o Autor

DONALD MILLER é o CEO da *Business Made Simple* e autor de dez livros, incluindo *StoryBrand* e *Blue Like Jazz*. Ele, sua esposa e sua filha Emmeline vivem em Nashville, Tennessee.

Acesse o site www.heroonamission.com para conhecer uma versão adicional e paga do Plano de Vida e Planner Diário do Herói em Missão [conteúdo em inglês].

O conteúdo online é de total responsabilidade do autor e não do Grupo Editorial Alta Books. O conteúdo é adicional, não sendo fundamental para compreender a obra.

Projetos corporativos e edições personalizadas
dentro da sua estratégia de negócio. Já pensou nisso?

Coordenação de Eventos
Viviane Paiva
viviane@altabooks.com.br

Contato Comercial
vendas.corporativas@altabooks.com.br

A Alta Books tem criado experiências incríveis no meio corporativo. Com a crescente implementação da educação corporativa nas empresas, o livro entra como uma importante fonte de conhecimento. Com atendimento personalizado, conseguimos identificar as principais necessidades, e criar uma seleção de livros que podem ser utilizados de diversas maneiras, como por exemplo, para fortalecer relacionamento com suas equipes/ seus clientes. Você já utilizou o livro para alguma ação estratégica na sua empresa?

Entre em contato com nosso time para entender melhor as possibilidades de personalização e incentivo ao desenvolvimento pessoal e profissional.

PUBLIQUE
SEU LIVRO

Publique seu livro com a Alta Books. Para mais informações envie um e-mail para: autoria@altabooks.com.br

 /altabooks /alta-books /altabooks /altabooks

CONHEÇA OUTROS LIVROS DA **ALTA BOOKS**

Todas as imagens são meramente ilustrativas.

Este livro foi impresso nas oficinas gráficas da Editora Vozes Ltda.,
Rua Frei Luís, 100 – Petrópolis, RJ.